我
们
一
起
解
决
问
题

助力乡村振兴系列

农村物流

谢逢洁 方 静 等著

人民邮电出版社
北 京

图书在版编目（ＣＩＰ）数据

农村物流 / 谢逢洁等著. -- 北京：人民邮电出版
社，2023.5
（助力乡村振兴系列）
ISBN 978-7-115-61580-0

Ⅰ. ①农… Ⅱ. ①谢… Ⅲ. ①农村－物流管理－研究
－中国 Ⅳ. ①F259.22

中国国家版本馆CIP数据核字(2023)第058920号

内 容 提 要

农村物流是制约农村电商发展的主要瓶颈之一，要想实现乡村振兴战略，就要不断提高农村物流的建设水平，使之成为支撑农村电商乃至农村经济快速发展的基石。

本书立足于农村物流的现实，首先介绍了农村物流的基本概念和体系，然后从农产品物流、农产品冷链物流、农村消费品物流、农村电子商务物流、农村物流园等方面分别介绍了现状、痛点和未来的发展方向，并穿插介绍了各地的农村物流实践成果和典型案例，以期为农村物流建设提供启发和借鉴。

本书适合农村物流园运营及管理人员、农村电商从业人员和其他农村物流从业人员，以及政府相关部门、研究机构、咨询机构、高等院校物流相关专业的师生等阅读和学习。

◆ 著 谢逢洁 方 静 等
责任编辑 陈 宏
责任印制 彭志环

◆人民邮电出版社出版发行　　北京市丰台区成寿寺路 11 号
邮编 100164　电子邮件 315@ptpress.com.cn
网址 https://www.ptpress.com.cn
大厂回族自治县聚鑫印刷有限责任公司印刷

◆开本：700×1000　1/16
印张：12　　　　　　　　　　　2023 年 5 月第 1 版
字数：150 千字　　　　　　　　2023 年 5 月河北第 1 次印刷

定　价：59.80 元
读者服务热线：（010）81055656　印装质量热线：（010）81055316
反盗版热线：（010）81055315
广告经营许可证：京东市监广登字 20170147 号

/ 前 言 /

乡村要振兴，物流应先行。物流影响着农村双向流通体系的建设成效，决定了农产品进城与工业品下乡的速度。重视并发展农村物流，能进一步加快农业现代化步伐、释放农村消费潜力，是建立全国统一大市场的重要支撑。近年来，全国各地积极运用物流产业撬动农村经济发展新动能，具备条件的地区基本上都建成了以县城为区域中心，辐射乡镇和村的三级农村物流体系，对农民增收、农业增效起到了显著的拉动作用。

但是我们依然可以发现，农村物流存在基础设施比较落后、信息化水平相对薄弱、物流需求非常分散等短板，难免出现体系不健全、服务质量低、管理难度大等问题。如何破解农村物流发展不平衡、不充分的瓶颈制约，实现物流强、乡村兴，是本书写作的出发点。写作团队经过大量的科研实践与调研交流，找出了发展农村物流的几个关键抓手。首先，必须确保基础设施、组织管理、支撑保障等农村物流体系核心要素的高质量发展；其次，畅通农产品出村进城"最初一公里"和工业品下乡进村"最后一公里"，实现城乡物流一体化发展；再次，创新农村物流运营模式，特别是通过冷链物流、电子商务物流等领域的创新，让农村经济焕发新活力；最后，有效整合资源，发挥物流园区的辐射带动效应，让农村物流更加集约高效。本书围绕以上问题展开详细论述，力争较为全面地展现我国农村物流的全貌，并向读者分享写作团队的农村物流创新实践经验。

本书的分工如下：第 1 章"走近农村物流"由谢逢洁、邵阳撰写；第 2 章"农村物流体系"由方静、孙艺杰撰写；第 3 章"农产品物流"由任翠萍撰写；第 4 章"农产品冷链物流"由孙瑞芬撰写；第 5 章"农村消费品物流"由周雪艳撰写；第 6 章"农村电子商务物流"由珠兰撰写；第 7 章"打造农村物流园"由王绒撰写。

本书具有以下特色。

一是深入浅出，易读好懂。写作团队具有丰富的农村物流科普经验，将生涩的物流术语、物流理论用平实的语言讲述出来，让读者轻松理解为什么要发展农村物流、如何建设农村物流等问题，满足读者希望迅速获取有益知识并能在实践中灵活运用的要求。

二是图文并茂，阅读轻松。书中配有很多图表，精确简洁地展现了重点知识，让读者在理解问题时一目了然、思路更清晰，明白书中内容之间的逻辑关系。各知识点之间层层递进，配以图片并提供了很多拓展性的信息，可以使读者的阅读更加轻松。

三是引入案例，加深理解。本书列举了大量的案例，介绍了各地在农村物流建设实践中的经验和行动，具有较强的实用性与指导价值，带领读者深入了解农村物流的具体运作方法与操作步骤并从中发现可借鉴之处，帮助读者高效落地转化。

发展农村物流，任重而道远。本书希望接地气、有温度地传播农村物流知识，激发更多的人为农村物流事业贡献才智。由于物流行业的发展变化很快，本书难免会有疏漏之处，恳请读者不吝指正。

谢逢洁

2023年2月8日

/ 目 录 /

第 1 章

走近农村物流

1.1 三农变化大

随着乡村振兴战略的实施，全国各地将发展特色产业、做活农村经济、增加农民收入摆在突出位置。近年来，我国粮食、蔬菜、水果的产量持续增长，广大农村地区的各项福利政策逐步完善，农村居民的交通出行由于"村村通"等项目的开展得到了极大的改善，各类农业补助金额也稳中有升，带动农村居民的收入不断提升。农业是发展潜力很大、很有奔头的产业，目前，农村生活正变得日益美好，农民这一职业正逐步变得体面起来。

1.1.1 农业产量高

我国农业生产现在正处于历史最高产阶段。2015 年以来，我国粮油总产量始终保持在 1.3 万亿斤以上，连续高产 18 年，创新历史纪录。粮食总产值从 2003 年的 8 614 亿斤，上升到 2021 年的 13 657 亿斤，农民平均谷物占有量高达 483 千克。我国粮食可以达到绝对安全的供给状态，谷物类可以基本满足国内需要。我国还产出了超过全球一半产量的蔬菜，其中菠菜占全球总产量九成以上、黄瓜占八成以上、胡萝卜占五成以上。三亿多亩的蔬菜种植地每年生产蔬菜七亿多吨，能常年为国内居民提供各种新鲜蔬菜，也能让每个中国家庭的"菜篮子"充盈、丰盈，中国当仁不让地成了世界蔬菜生产第一国。

由此可见，在新时代，中国人的粮袋子鼓鼓的、菜篮子稳稳的、果盘子满满的。

1.1.2 农村好家园

1. 资源丰富

农村地区是指城市建成区和县城城区以外的其他区域，主要包括镇、乡、村的广大地区。截至 2022 年年底，全国共有乡级行政单位 41 636 个，村级行政单位约 70 万个。

我国农业的最大特点是多元化。东北地区得益于广阔的平原，大规模机械化粮食生产在此得到普及；西北地区虽然干旱，但是阳光日照充足，红薯、土豆等农作物得到广泛种植；东部沿海平原的面积巨大、人口稠密，农业的主要任务是满足城市区域的蔬菜需求；西南山区的气候复杂，具有鲜明的当地特色，典型的农作物有云南的菌类、四川的笋类等。我国各地的农业发展因地制宜，寻求差异化发展，建立了多元化的农业生产体系，为日益提升的高水平农产品需求打下了基础并做好了准备。

2. 出行便捷

截至 2021 年年底，我国农村公路总里程达到 446.6 万公里，总里程十年净增 90 多万公里。2011—2021 年，我国在农村公路领域累计投入车购税资金 7 433 亿元，新建和改建的农村公路大约有 253 万公里，解决了 1 040 个乡镇、10.5 万个建制村通硬化路的困难。

十年间，我国农村公路通车的总里程净增超过 90 万公里，改造农村公路危桥超过 6 万座，实施的安全生命防护工程超过 127 万公里，进一步提升了农村公路的设施服务水平和安全保障能力，新增的通客车建制村有超过5万个，其中具备条件的建制村实现了100%通客车。农民"抬脚上车"由憧憬变为现实，农村客运、货运、邮政的一体化程度明显提高。

农村经济随着道路的通达快速发展起来，矿产资源、旅游资源、农产品加工等的发展都盘活了现有的农村特色资源。城乡双向运输畅通无阻，使农村生产生活水平大幅提高，使城市生活必需品下乡、农产品进城、电商进入农村市场、快递配送延伸到每一个农户得到实现。农村发展的根本在于交通的发展，交通好了，农村的资源才能"走"出去，城市的产品才能"走"进来，才能给农村经济的发展带来更多的机会。

3. 福利健全

我国农村的各项福利政策自党的十八大召开以来不断得到增强和完善。当前我国涉及农村地区的社会保障政策共有九类：一是社会保险政策，包括新型农村合作医疗和新农保；二是社会救助政策，如农村五保供养、低保、自然灾害生活救助、农村医疗救助、农村危房改造等；三是优抚安置政策，包括优抚对象抚恤补助金、优抚对象医疗补助金、义务兵优待金、优抚对象医疗补助金；四是社会福利政策，如残疾人事业、老龄人福利、儿童福利、计划生育家庭奖励金等；五是义务教育政策，主要针对农村义务教育阶段的学生；六是公共卫生政策，包括基本公共卫生服务项目、国家免疫规划项目、艾滋病患者治疗项目、肺结核患者治疗项目；七是就业政策，主要是指农民工就业方面的政策和就业后的社会保障；八是政策扶贫；九是对"三农"的补贴政策。

党的十八大以来，我国持续增加对农村各项福利政策的投入力度，各地根据实际情况，建立了各类具有针对性的福利制度。例如，"老年餐桌""互助养老之家""读书角""文化大舞台"等各种平台为农村老人及儿童等群体和生活困难的对象提供了社会、人文和经济等方面的关怀，在农村社会福利保障体系上交出了令人满意的答卷。同时，各地制定了形式多样的返乡创业就业支持措施，吸引高素质人才服务农村，让农村成为宜居宜业的幸福家园。

1.1.3 农民致富忙

曾几何时，农民对他们生活状态的描述是："耕地靠牛，交通靠走，通信靠吼。"从农耕状态直接跨越到信息时代，现在农民的生活正在发生翻天覆地的变化。

1. 轻松劳作

现代农业的重要标志就是农业机械化和配套服务专业化，农业机械在全国范围内的使用解放了大量的农村劳动力。即便是简单的运输环节，农用车和私家车也已经替代了人力和畜力工具。现在，"过年一个月、耕种三个月、休闲八个月"是新时代农民的生活状态。同时，农业机械补贴的增加、机械使用率的不断提升、农业社会化服务的增加和对农机科技创新的扶持，种种利好都极大地促进了农业的快速发展。

2. 腰包渐鼓

1998 年以来，我国农村居民人均可支配收入及同比增长率的情况如图 1-1 所示。2021 年我国农村居民人均可支配收入为 18 931 元，同比增长10.5%，高于过去十年的平均水平 9.86%。2022 年一季度，农村外出务工人员已达 1.78 亿人，同比增加 2.2%，农村外出务工人员的平均工资为 4 436元，同比增加 5.9%。

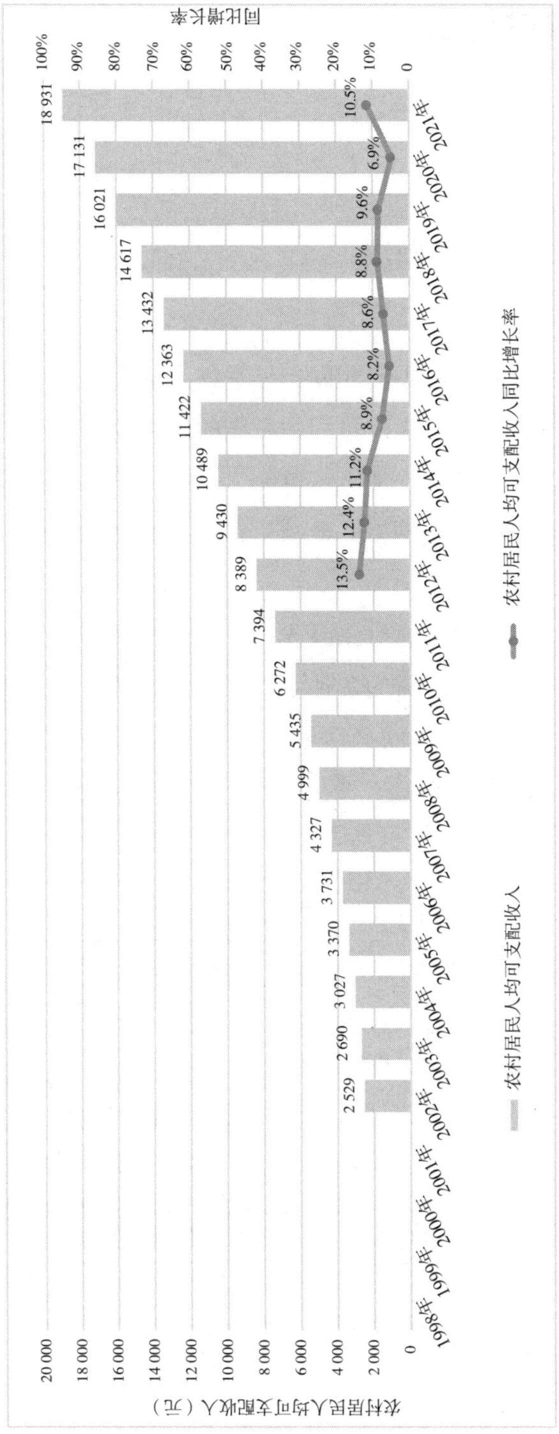

图 1-1　1998—2021 年我国农村居民人均可支配收入及同比增长率

1.2 细看农村物流

1.2.1 什么是农村物流

农村物流和城市物流的本质相同，只是物流覆盖的范围有所不同。农村物流是指农村居民在生活生产过程中所需的各类生活生产物资的物流运输全过程，涵盖运输、装卸、加工、包装、仓储等环节。更宽泛地说，农村物流还应该包含农村道路网络、金融、农产品销售等各种相关的基础设施和服务内容。

农村物流主要为三类流通对象服务：一是以农用机械、农药等相关物资为主的，开展农业生产所需的各种生产要素；二是包括家具家电、食品药品及各类日用百货等在内的日用消费品；三是农产品，主要是指农业生产过程中的各种动物、植物、微生物等。农村物流的流通对象如表 1-1 所示。

表 1-1 农村物流的流通对象

类型	含义	内容
农业生产要素	农、林、牧、副、渔所需的生产资料的总和，进行农业生产的物质要素	农机设备；中小型农具及半机械化农具；种子、化肥、农药、农用塑料薄膜；各种农产品深加工设备、运输设备、贮藏设备、电气设备及有关配件等
日用消费品	日常使用的物品，生活必需品，如家庭用品，家居食物、家庭用具及家庭电器等	个人和家庭护理品、食品饮料、日化用品、药品等；家用电器、家具、3C 电子产品、耐用消费品等
农产品	粮油、果蔬及花卉、林产品、畜禽产品、水产品和其他农副产品	各类动物、植物、水产、瓜果、蔬菜、苗木、花卉、药材、粮油、烟叶、茶叶、菌类、林业产品等

值得注意的是，农村物流、农产品物流和农业物流这三个名称十分相似，人们容易混淆，三者之间存在差异性和关联性，具体的差异和关联如下。

（1）**差异性**。农村物流重在阐述服务区域在农村，农业物流重在强调服务的行业是农业，农产品物流重在表达服务对象是农产品。

（2）**关联性**。农村物流的涵盖范围最大，农产品物流是农村物流的一部分，农业物流也是农村物流的一部分，但是农业物流覆盖的范围要大于农产品物流。另外，在农村地区，农产品物流属于农业物流，但是当农产品被运输到城市时，农产品物流将属于城市物流。

1.2.2　农村物流特点鲜明

（1）**波动性**。农业生产在一年中有其客观的自然周期阶段，不同时节所需的各类农业生产资料是不同的，农资需求具有显著的时效性和集中需求特性，但对应的农资生产经营却是常年展开的。不同农产品的产出会随着季节更替出现显著的变化，但全年的农产品需求是基本平稳的。农资、农产品、农产品需求之间的矛盾使得农村物流的需求具有较大的波动性，即非均衡性。对农村物流来说，应对波动性是最大的难题。对农资经销商来说，灵活准确的仓储调配和需求预测能力是成功经营的关键。对农产品销售人员来说，预测消费需求则是其生存重点。

（2）**复杂性**。农业生产包含受自然条件影响的农业初级产品生产和受经济条件影响的农业深加工产品生产两类生产活动。受到自然环境和经济环境双重因素的影响，农村物流的需求具有强烈的不稳定性，无法给出稳定的预期。从我国自然环境和农业生产水平来看，农业生产的不稳定性也会使农资需求和农产品供给产生较大的不确定性。此外，农作物和禽畜产品大多是鲜活的动植物，生长周期较长，因此对农村物流的各个环节都有特殊要求，如保鲜、保活等各类仓储、运输和加工要求。最后，农村物流的服务对象既涉及土壤、水、农药、肥料、塑料薄膜等无生命的生产要素，也涉及有生命的产品，如植物的根、茎、花、果、叶、种子等，还涉及家畜家禽的肉、皮、毛、蛋、奶等。农村物流因为农产品的种类繁多，以及运输过程中的不同要求，其复杂性远超城市物流。

（3）**分散性**。农户作为农产品的生产者，具有企业属性。每个农户都可以作为一个农产品生产经营单位，完成农资购买、生产耕作、农产品销售等农产品供应链活动。由于农户个人或组织的数量众多，因此农村物流呈现出规模小、数量多、层级少、分散性强等特点。此外，虽然我国农村地区的占地面积广，但行政村地域分散且面积较小，农村物流组织运作更加分散。

（4）**差异性**。我国农产品丰富的种类得益于我国各地各不相同的自然条件。生产方法的不同也造成了农产品的质量无法实现广泛的统一。我国南方地区由于地形原因，多以精耕细作为主；而北方地区多平原，故多以机械化大规模种植为主。同时，由于各地在经济发展方面存在差异，因此对农村物流也提出了因地制宜的要求，不同地区之间的农村物流连接存在一定的困难。例如，农产品生产环节的传统化物流作业方式与农产品上行过程中的自动化物流作业方式之间难以衔接。农村物流的个性化、专业化是在我国自然环境条件下发展的必然要求。

1.2.3　农村物流体系庞大

根据交通运输部 2022 年的统计数据，我国县、乡、村基层三级物流体系正处在如火如荼的建设中，这为农村消费升级和农产品上行打通了物流障碍。截至 2022 年年底，我国已经建成县级寄递公共配送中心 990 个，村级快递服务站点27.8 万个。交邮联运覆盖的乡镇有 2 185 个，覆盖的村有 1.5 万个。

预计到 2025 年，我国将实现农村物流网络在县、乡、村三级配送的全覆盖，让农产品"走出去"、消费品"走进来"，将农村广大的市场纳入全国统一大市场。

1.2.4 农村物流价值几何

在我国完成脱贫攻坚的历史性任务后，下一个更重的任务是共同富裕。要实现这个目标，农村和农民的富裕是关键。农村物流是促进农村和农民富裕的重要途径，在满足农村生产生活需求、促进农村消费、推动乡村振兴中肩负重要责任。农村物流的价值如下。

（1）**促进农业发展**。农资成本是农业生产的重要成本，发达的农村物流可以平抑农资价格波动，有利于农资质量的稳定。

（2）**促进农村就业**。农村物流能促进农村产生新的工作岗位，如与物流相关的搬运、配送、包装等岗位，给农民增加新的谋生手段。

（3）**促进农民增收**。农村物流效率的提高可以促进农产品创造更多的产值，进而促进农民增收。

（4）**提高农民生活水平**。在农村物流的发展过程中，农村的基础设施必然会得到优化，从而降低城市工业品进入农村的障碍，这对提高农民生活水平有明显的促进作用。

1.3 农村物流的发展困局

我国农村物流现阶段的发展速度慢于社会需求，总体发展的水平不高。农村物流的发展困局主要表现为单位产品的运输成本较高、生鲜商品的消耗比重较大、农村居民的基本生产需求还没有得到比较充分且有效的满足、农产品运输服务在整个社会运输中所占的比重极低。这些发展困局导致农业发展和服务滞后，限制了农业的专业化分工和农村的经济发展水平，从而影响农民收入水平的提升。

1.3.1 农村物流配送成本较高

一方面，我国农村地区地域辽阔，农村居民的电商购物规模与城市无法相比，因此农村物流的规模经济难以形成，配送成本难以降低。农村地区的物流需求少，配送员收入微薄，这显著降低了农村物流配送员的工作意愿，农村物流缺少充足的员工。另一方面，农村物流的整体技术水平较低，缺少先进的管理技术和理念，这也使得农村物流的配送成本难以降低。

1.3.2 农村物流基础设施薄弱

我国农村物流网点还没有实现村级节点全覆盖，驻村物流网点极少。农村物流网点的基础设施配置较差，缺乏运输工具，特别是冷链物流车辆、冷库设施很少。造成这种现象的主要原因是农村外出务工人员占户籍登记人口的 40% 以上，在农村的留守人员主要是老人和儿童，这些人大多没有网上购物的习惯。此外，企业要考虑经营成本，会综合考虑投资与收益，而农村物流的业务量比较少，这限制了企业投资农村物流基础设施的积极性。

1.3.3 农村物流信息化水平较低

我国农村物流的信息化水平处于低位，虽然农村信息化建设在过去十多年取得了显著成就，信息化在农村地区得到了大幅提升，但是从整体来看，农村的网络和电子设备普及仍然任重道远。农村居民学习网络信息化知识的积极性不高，这主要是因为他们对互联网重要性的认识存在不足。

1.3.4　农村物流人才短缺

我国缺乏农村物流人才的原因有两个。一是农村物流人才的需求与供给不匹配，人才供给太少，而需求量却非常大。农村物流难觅高水平人才，高水平人才大多在农村物流网络内"刷简历、刷经历"，却难以扎根常驻。二是理念问题，农村物流运营通常重视盈利而轻视人才的作用，企业通常重视开展物流业务而忽视引进人才。

📖 【案例1】池州市农产品上行之难

池州市坐落在安徽省的南部，紧邻长江南岸，森林覆盖率达 61% 以上，具有良好的生态产业发展基础。2020 年，当地政府定下了农业特色产业的三年发展目标。2020 年，池州市农产品销售额达到 27.5 亿元，其中当地特色茶叶和中药材黄精是重要的发展对象。然而，池州市农产品的上行并非没有阻力。正相反，其面临成本、设施和人才等多个方面的困境。

第一，成本之困。目前，池州市农产品产业整体呈现出规模小且分散经营的特点，这也是我国农村地区产业发展较为普遍的现象。各自为政、缺少品牌、缺少规模、没有统一的标准和管理，都让池州市农产品质量飘忽不定，增加了农产品上行的成本。

第二，设施之困。除了上行成本较高，池州市农村地区的基建、技术等条件也阻碍了农产品上行。调研发现，池州市大部分农产品经营企业的冷链物流设施的覆盖率较低，这使得该地区的东至麦鱼、阮桥盐水鸭、秋浦鳜鱼等特色生鲜农产品的加工、运输、配送等物流活动成了农产品上行的痛点。

第三，人才之困。农村地区的发展长期受制于人才流失。池州市是安徽省南部的地级市，坐拥池州学院和池州职业技术学院两所高等院校，培养的学生大多前往上海、浙江等地就业，人才流失严重，物流人才更是难以寻觅。这使得池州市缺乏高素质的物流人才来帮助解决农产品上行难的问题。

鉴于种种现状，池州市建立农民合作社、专业大户、园区基地等大规模农业经营制度和环境，促进农业升级转型，建立"农特产品＋寄递服务"新模式，配套地方财政补助，健全政策保障，科学合理布局物流网络，促进人才引进与培养，对现有物流人才进行培训和教育。

1.4 农村物流未来可期

现阶段，乡村振兴是农村新时代发展的重要着力点，也是农村振兴的重要抓手，农村物流迎来了新机遇。下一个经济增长引擎将会是满足各种需求场景的农村物流。

1.4.1 农村物流政策利好

农业补短板、农业现代化都依赖于农村物流的高水平快速发展。早在2009年，城乡统筹加快农村物流建设已经是我国第一个综合性国家物流规划《物流业调整和振兴规划》的九大重点内容之一。2014年出台的《物流业发展中长期规划（2014—2020年）》明确提出要建设城乡三级配送节点。2021年，《中华人民共和国乡村振兴促进法》明确提出，要推动城乡基础设施互联互通，要从规划、建设、管理、维护全过程统筹公共和基础设施，物流设施是重要的组成部分。2022 年，《"十四五"现代物流发展规划》提出，要大力加强并改善中西部地区的农村物流基础设施。从中央到地方，均颁布了众多促进农村物流发展的相关政策，部分政策汇总如表 1-2 所示。

表 1-2　国家及各省份出台的部分农村物流政策

发布部门或省份	政策名称
国务院有关部门	《关于促进农村电子商务加快发展的指导意见》 《关于加快构建政策体系培育新型农业经营主体的意见》 《中共中央　国务院关于实施乡村振兴战略的意见》 《数字乡村发展战略纲要》 《中共中央　国务院关于抓好"三农"领域重点工作确保如期实现全面小康的意见》 《2020 年数字乡村发展工作要点》 《国务院办公厅关于加快农村寄递物流体系建设的意见》 《中共中央　国务院关于做好 2022 年全面推进乡村振兴重点工作的意见》
山东	《山东省"十四五"现代物流发展规划》
河南	《河南省"十四五"现代物流业发展规划》
陕西	《西安市加快推进农村寄递物流体系建设实施方案》
山西	《山西省"十四五"现代物流发展规划》
湖北	《省人民政府办公厅关于加快推进农村寄递物流体系建设的实施意见》
江苏	《省政府办公厅关于加快农村寄递物流体系建设的实施意见》
安徽	《关于加快农村寄递物流体系建设的实施方案》
江西	《全省邮政管理系统加快农村寄递物流体系建设的实施意见分工方案》
浙江	《浙江高质量发展建设共同富裕示范区实施方案（2021—2025 年）》
福建	《福建省加快农村寄递物流体系建设实施方案》
广东	《广东省贯彻落实〈数字乡村发展行动计划（2022—2025 年）〉实施方案》
广西	《广西统筹推进农村物流高质量发展行动方案（2022—2025 年）》
湖南	《湖南省"十四五"现代化综合交通运输体系发展规划》
贵州	《贵州省乡村振兴促进条例》
云南	《云南省现代物流产业发展"十三五"规划》
四川	《四川省加快农村寄递物流体系建设的实施方案》

据不完全统计，2021年我国各个地区共计出台361个农村物流政策，如图1-2所示。各个地区主要依据国家"十四五"政策出台适合各自区域的配套政策。各地政策主要聚焦于区域公共品牌、数字技术应用、特色产业集群、农产品供应链，农村物流与上述内容紧密相关。

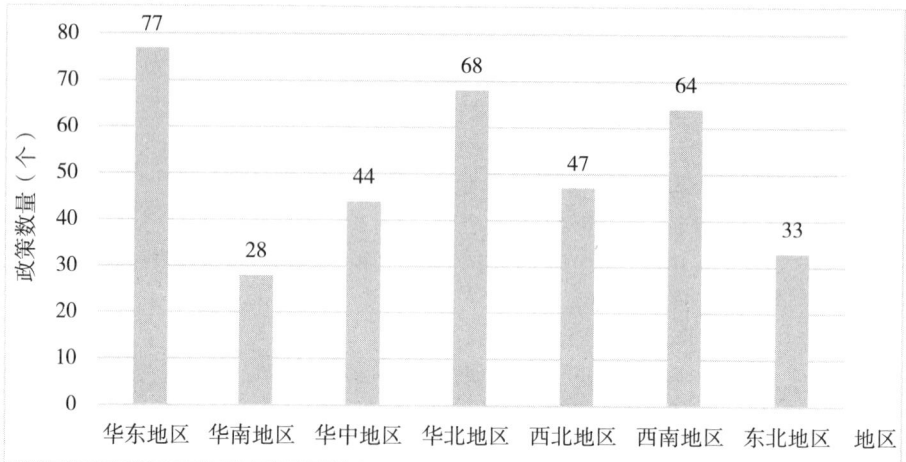

图 1-2　2021 年我国各地区出台的农村物流政策数量统计

在国家与地方相关政策的号召和支持下，各大电商企业做起了布局农村物流市场的尝试。例如，京东利用平台优势在县级市设立了物流配送中心，并以"京东乡村连锁店"管理模式和"乡村推广员"团队为基础，实现配送到村；拼多多构建了"农货智能处理系统"和"轻仓库"的农村物流模式，协助"小农户"连通"大市场"。还有一些经营专线、城配等业务的物流企业，也积极融入布局农村物流市场的进程。

1.4.2 农村物流需求旺盛

1.优质农产品走进千家万户

在我国经济持续增长的带动下，社会消费升级的趋势愈加明显，城市对高品质农产品的需求日益强烈。京东大数据显示，近年来，消费者对高品质农产品的关联搜索频率明显提高，2021年的搜索频率比2020年增长2.5倍。消费者对高质量农产品的需求逐步增加，产地标签成了农产品的重要标志。由于农村物流在促进优质农产品上行中的作用显著，因此也形成了有利的发展形势。

高品质农产品的消费热度吸引了物流企业逐步向农业领域拓展。农村物流企业通过数字化、柔性化、智能化的方式，对传统供应链进行建设和改造后，会打造出响亮的农产品品牌，提高农产品的附加价值，从而促进农民增收，形成"提升农产品质量—消费者满意度加强—农户经济收益增加—农户改进生产—农产品质量进一步提升"的正循环发展。

2.日用消费品涌入农村市场

农村物流在带动农产品畅销全国的同时，越来越多的日用消费品通过快递包裹进入农村，丰富了农民的购物清单，扩大了农村消费半径。目前，农村商贸呈现出供需两旺的景象，每天有超过1亿件快递进出农村。这表明，农村物流在助力农村消费中发挥着越来越重要的作用，农村消费市场的潜能得到持续释放。

以"村村通""快递进村"等事关商贸流通的民生项目为重点，为了让智慧物流技术走进广大农村，推动农村物流实现快速发展，激发农村市场释放活力，商务部、财政部会同国家乡村振兴局于2022年启动县域商贸建设行动。

1.4.3 交通运输网络发达

在我国广大的农村地区，公路运输是最重要的交通方式之一。我国公路网中的农村公路占据相当大的比重，这为城乡之间的人员物资往来提供了重要支撑。因此，农村物流发展依赖于农村公路。为了缩小城乡之间的物流服务差距，政府首先要从直接服务于农民出行和农村经济发展的公路建设着手，为又好又快地建设农村物流提供必要的交通条件。农村普遍实现硬化路通达、建制村村村通客车，小汽车也在农村地区得到了快速普及，这使得公路出行不再困难，便捷快速的目标正在逐步实现。

铁路部门在过去十年间也大力支持农村建设，在铁路建设上的投资达4.2 万亿元，在老少边穷地区铁路建设上的投资占十八大以来铁路建设总投资的 78%；投入运营的 4.4 万公里的新线覆盖了超过 300 个脱贫县，让超过130 个县告别不通铁路的历史；"铁路网络 + 无轨站"惠及超过 600 个脱贫县，主要服务于乡镇的客货站超过 1 300 个。十年间，铁路累计发送贫困地区旅客 8 亿人次，发送货物 32.1 亿吨，减免费用 75.3 亿元。

在农村运输中，水运也占有举足轻重的地位。沿渠、临港、临海的农村，打造了沿路农业精品发展经济带、城乡一体化发展示范带和农业全产业链发展示范带，逐步形成了支撑沿渠、沿港、沿岸的经济增长点。随着不断完善的水运总体布局，国家将积极打造一批现代农业生产基地，将水运的自然条件优势，逐步转变为农业生产优势和物流资源优势。

在服务"三农"中，航空运输的作用越来越大。由于航空运输是最高速的交通运输方式，"一公里的机场跑道可以让你跑到全世界"，因此在农村建设通航机场有很好的发展前景。国务院办公厅在《关于促进通用航空业发展的指导意见》中提出，应当在地面交通不便的地区，以及偏远地区建设通用机场，以改善交通状况。未来，我国将建设更多的通用机场发展短途物流运输，进而提升区域之间的物流速度，提高物流辐射范围。

1.4.4 科技发展日新月异

在农业升级转型的过程中，信息化建设是其中一项重要内容。随着"宽带乡村"等战略的深入实施，我国农业信息化在农村和城市的数据获取能力、数据资源建设、数据计算能力、网络通信、应用终端、"同网同速"时代来临等方面取得了重要的发展成果。我国已经建立了完整的大数据标准化框架，一系列智慧农业大数据应用模式应运而生，多级农业农村大数据中心和有效的数据管理规范已经实现。

当农业走向"智能化"，以信息化和网络化为基础的新型农产品供应链应运而生。实时监控、溯源管理、远程控制、智能决策等各种信息技术极大地提升了农产品供应链的效率，也为农村物流信息化提供了基础保障。例如，通过供应链信息采集技术，相关人员可获取农产品生产资料采购、市场供求、生产管理、加工包装、仓储、运输等与物流相关的信息。信息化的管理手段让懂生产、会经营的农民队伍日益壮大，农民的身份由传统的农业生产主体快速转变成生产经营主体。

📖 【案例2】浙江省德清县"交邮商融合发展"

在完善农村各类物流基础设施的同时，浙江省德清县通过推进规划引领、加快农村电子商务发展，实施了快递进村工程，完善了县、乡、村三级物流网络，形成了"交邮商一体化发展"的良好局面。2021年5月，德清县实现了主要快递品牌覆盖全县建制村，全县的日均快件量从2019年的5 000件增长到2021年的40 000件。得益于当地有利的发展环境，德清县农村物流得到迅速发展。

第一，行业政策利好。德清县出台了《德清县人民政府办公室关于推进邮政快递业高质量发展的实施意见》，明确划分了主体责任，即由县邮政管理局、交通运输局等部门齐抓共管，镇（街道）、村组织实施，充分利用现有客运站、电子商务服务中心、农村超市等场地，以点带面明确职责，发挥镇、村两级分别设置物流节点的作用，推动快递配送工作提效提速。此外，德清县还制定了《德清县农村快递物流体系建设实施方案》，在县城建设 1 个分拨中心，在各镇设立 6 个中转站，在所有行政村建立 132 个快递物流中心，从而建成了覆盖全县的县、乡、村三级物流网络体系，最终实现了农村物流的全覆盖。

第二，财政支持补助到位。德清县从快递发展专项资金中列支两部分费用，即建设经费和运营补助，最终每年落实到各村经办人员处的工作补助为 3 000 元，每年落实到农村快递物流处的经营补助为 80 万元，所有补助经第三方评审后按时支付。同时，对于开展物流基础设施建设的商贸企业，德清县邮政管理局、交通运输局、农业农村局等相关部门，根据企业规模、营业额等多项指标综合考核，给予最高 50 万元的奖励或补贴。

第三，电商带动物流需求。德清县的邮政公司以早园笋"万斤"工程、太湖珍珠米"万株订单"工程为抓手，推动邮政电子商务协同发展。"快递＋珍珠"进一步巩固了现代农业的品牌效益，"快递＋春笋"使农产品品牌在疫情中得以逆势发展。全县 2020 年的农产品网上交易额达 14.2 亿元，同比增长 13.5%。在如此大的交易额的带动下，德清县通过"交邮商融合发展"，整合各方物流资源，发挥出跨界协同的规模效益。

1.5 农村物流玩出新花样

目前，我国正在全力打通农村消费升级和农产品上行的末梢循环，农村物流市场仍是一个"蓝海"，自动化和数字化技术也在重构经济活动的各个环节，如农业生产、分配、交换和消费等。新的时代、新的政策、新的技术、新的模式，带来了农村物流创新的新机遇。

1.5.1　邮政物流大有可为

快递虽小，影响却大。物流快递是农业基础，是打通城乡连接、服务农业农村发展的基础产业，在工业日用品下乡、农产品上行、吸收就业、促进农民增收等多方面发挥着重要的作用。特别是邮政企业在农村开展的有关寄递服务、金融服务、期刊配送等业务，为打开农村物流市场奠定了基础。

中国的邮政网络覆盖了世界上规模最大、通达性最高、普惠性最强的人群。近年来，邮政企业充分利用网络资源优势，深耕农村地区，在强化金融供给、对接产销体系、畅通物流通道等方面不断提供新型优惠产品与优质服务。例如，邮政企业贯彻乡村振兴战略的一项重要的创新举措是惠农合作项目，该项目与新型农业经营主体合作，如家庭农场等，为其提供与农村物流有关的电商、寄递、金融等一条龙服务，充分融入农业经营主体生产全流程，构建惠农服务，助力农民增产增收。

邮政企业在农村物流方面具有特殊的资源禀赋，因此我国要从各个方面支持邮政企业在农村物流浪潮中找定位、谋创新、图发展。邮政企业在农村物流市场的基础性作用得到了很好的发挥。例如，邮政企业在村级物流站点的建设运营中发挥了主体作用，提升了农村地区的物流运输和配送能力，助力了乡村振兴。

1.5.2　直播带货物流商机旺盛

近年来，电商直播带货发展迅猛。2021年，全国已有超过1 632万家农村网店，直播带货在2022年上半年的增速高达58.2%。直播带货蓬勃发展，农业生产"走出"了新路子，增进了乡村振兴的动能，在我国"大国小农"

的现状下探索了农产品供应的新路径。从实践来看，农产品直播带货供应链主要有以下两种运作模式。

1. 原产地直供模式

对于时效性要求较高的农作物，如瓜果蔬菜或生鲜类农产品，商家可在原产地通过样品直播的方法展示农作物，之后按照平台订单数量完成田间采集，再由原产地经过简单的加工包装后，将其直接运送至消费终端。采用这种运作模式能够降低农产品的损坏率，以直播销售量带动农产品采摘量，保证农产品的质量。但是，由于种植农作物的原产地与消费者所在地的距离通常比较遥远，所以这种运作模式对物流网络规模和冷链技术的要求比较高。

2. 分级仓储模式

分级仓储模式是指在收获农产品后，先将其放至产地仓库进行基础处理和包装，随后将其运送至所合作的物流企业在全国各地的分销仓进行存储；在产生销售订单后，由距离最近的分销仓负责配送。这种运作模式极大地缩短了客户从下单到交货的时间，从而可以提高客户的满意度，也可以提高复购率。这种运作模式适用于长保质期或需要二次加工的农产品。这种运作模式对物流信息化水平的要求较高，商家必须能够精确预测市场需求量和消费者行为，否则可能因缺货成本而影响消费者的体验，也可能因商品滞销而导致巨额损失。

在直播带货的发展热潮下，各大物流公司也对农产品直播带货开展了多种尝试。德邦快递建立"邦安选"惠农电商平台，让更多的农产品走向世界。京东在陕西省商洛市柞水县建立了"京东云仓"，助力柞水木耳快速发展，不到一年，入驻的有关商户的发货准时率达到99%，累计发货超过十万单。上述两个例子，都说明了物流创新对供应链改善的显著效果。

📖 【案例3】新乡邮政用直播带货为乡村振兴加"邮"

中国邮政下属各分公司在近年来抓住直播热点，纷纷进驻淘宝和抖音等各大平台，开展直播业务。新乡邮政分公司（以下简称"新乡邮政"）挖掘当地特色优势，集中当地商业、物流、资金、信息技术，整合形成电商直播运营中心，于2020年进入直播带货领域，集中力量发展农村物流，建立直播带货新形态。

◎ 特色农产品进村入户帮扶

为了充分发挥邮政的特色和优势，新乡邮政确认了"太行魂、黄河缘、牧野味、新邮情"的产品定位，找准当地特色，主动对接本地三百多家商户及农民合作社。截至2022年5月，新乡邮政农产品直播间售卖了超过2 000款农产品及衍生加工品，几乎覆盖了所有地标和老字号产品，并实现24小时全天不间断直播。其中最畅销的农产品当属猪蹄、酱肘子、腊牛肉、椒麻鸡、红肠等各类熟食。新乡邮政在全市3 370个邮政便民服务站都建立了农产品电商服务点，连接了从生产到消费的全流程，打通了农产品的上行通道。

◎ 促使农产品远销全国

2020年，新乡邮政联合金谷合作社将太行山小米基地揭牌在辉县市薄壁镇，探索从种植、收获到销售一体的小米产业链，以市场价格收购小米。2022年，新乡邮政又通过直播间帮助卫辉市唐庄镇仁里屯村在两小时内销售土豆和洋葱共计五万多斤。通过直播带货，仁里屯村的土豆、洋葱变成了"网红蔬菜"，搭乘邮政物流快车，远销北京、湖北、山西、广东等24个省市，外省市的订单率高达90%。

2021年，新乡邮政在农产品直播间累计实现销售订单超过269.8万单，销售额达到3 498万元，其中有55个农产品是销售订单超过一万单的爆款。新乡邮政直播间仅在2022年的一季度就实现了农产品销售订单70万单、销售额1 260万元的目标。一批批新乡特产、本土农产品借助微小的直播间和庞大的邮政物流网络，相继走出新乡，畅销全国，为乡村振兴注入了新活力。

第 2 章

农村物流体系

工欲善其事，必先利其器。建好农村物流体系必须从基础设施、组织管理、支撑保障等核心要素着手，全方位展现新时代农村物流的新风貌。我国所构建的农村物流体系怎么样？如何实现其高质量发展和进一步的提质升级？本章主要围绕以上问题进行讲解。

2.1　农村物流体系基本常识

本节首先分析农村物流体系的建设背景与意义，即"为什么建设"；其次围绕农村物流体系建设的基本原则与要求，探讨"怎样建设"；最后明确农村物流体系建设的总体框架，即"建成什么样"。本节通过以上三个方面层层递进的讲解，勾画出农村物流体系建设的理想状态。

2.1.1　物流惠农责无旁贷

农村物流体系建设是非常接地气的民生项目，对于满足农民日常生活所需，带动农村消费起到重要的支持作用。近年来，我国逐步将经济战略重点放到扩大内需上，农村物流显现出较大的发展潜力。农村物流体系建设需要围绕国家经济战略调整方向，以落实乡村振兴战略为总抓手，以推进城乡融合发展为宗旨，着力构建"布局更科学合理、服务更经济便利、流通更快速安全"的高质量农村物流体系。党的十八大以来，广袤的乡村呈现出公路更畅通、基础设施更完善、网络更快捷的场景，农村物流体系建设已具备了先决条件。

高质量农村物流体系可产生多种效益，主要表现为管理效益、民生效益、生态效益和社会效益（见图 2-1）。其中，提升管理效益有利于节约土地等宝贵资源，促进科技创新应用并实现农业现代化；民生效益主要包括产品价格低廉、供应链稳定、追溯体系健全；生态效益主要涉及节水省地、流通损耗少、碳排放量较低；社会效益则表现为降低劳动负荷、提高生产效率、增加就业岗位。

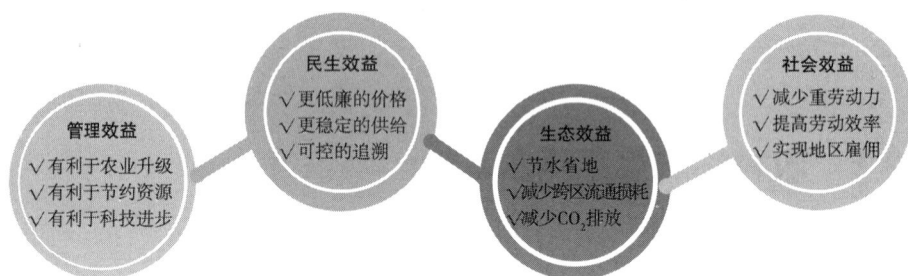

管理效益
√有利于农业升级
√有利于节约资源
√有利于科技进步

民生效益
√更低廉的价格
√更稳定的供给
√可控的追溯

生态效益
√节水省地
√减少跨区流通损耗
√减少CO_2排放

社会效益
√减少重劳动力
√提高劳动效率
√实现地区雇佣

图 2-1 农村物流体系产生的效益

2.1.2 科学谋划统筹建设

近年来，我国农村物流体系与"三农"协同效应越来越明显，但仍存在一些欠缺，主要表现为信息化、链条化、产业化、平台化等方面与"三农"的发展要求还有差距。农村物流体系的建设要求如图 2-2 所示。

为了提升农村物流体系对"三农"发展的适配性和保障力，农村物流体系建设应遵循以下原则。

（1）**立足农村需求**。农村物流体系建设应以服务乡村振兴为宗旨，以加快城乡一体化进程为主线，不断提高农村物流的服务能力，尤其应该关注农村生产生活中最迫切需要解决的问题，打通农村物流双向流通瓶颈，释放农村经济活力，推动有地域特色的产业持续壮大。

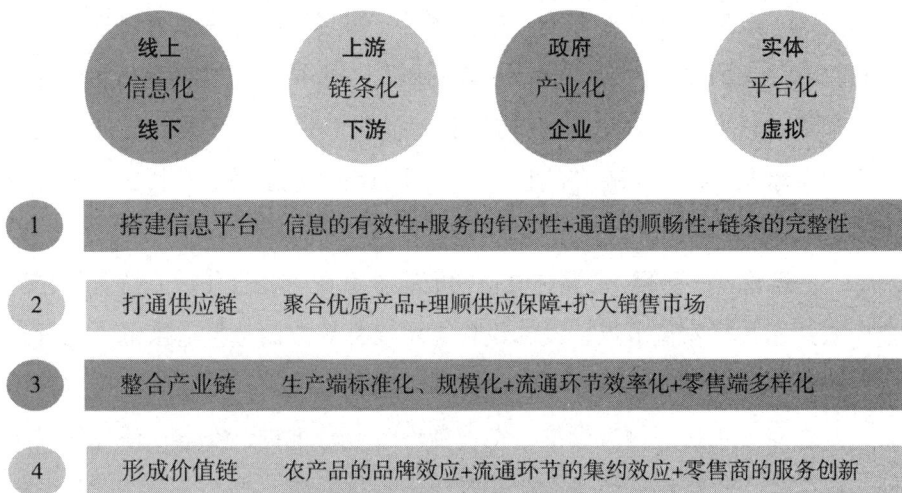

图 2-2 农村物流体系的建设要求

（2）**开展市场化运作**。农村物流体系建设应以市场化运作方式为主导，打通政策堵点，带动物流市场主体创新业务模式，积极参与农村物流体系建设，充分发挥有为政府和有效市场的作用与潜力。

（3）**坚持因地制宜**。农业生产既具有普遍性也存在独特性，加之全国城镇化水平也有所不同，因此农村物流体系建设必须因地制宜，真正符合本地区农村发展的情况。偏离实际所建立的农村物流体系无法取得理想的效果。

（4）**注重协同共建**。农村物流体系建设应推动国家发展和改革委员、交通运输部、农业农村部、商务部等部门增强联动力量，支持第三方物流、中国邮政、民营快递等企业合作经营，鼓励物流产业与农业、商业等产业深入融合，建设资源集约化、运作信息化、经营标准化的现代农村物流体系。

2.1.3 打破瓶颈全面发展

农村物流体系建设是一项长期的系统工程和民生工程，涉及多个产业、多类部门，以及经济社会环境、产业基础、市场资源等一系列要素。由于农村物流体系的复杂性，因此推动其发展是一个循序渐进、不断突破的过程，最终的目标是实现运营"一张网"、服务"送到门"、冷链"通田间"、管理"高标准"和供应链"有生态"。为了推动实现上述五个目标，农村物流体系应采取下列措施。

（1）**运营"一张网"**。推进农村物流企业开展广泛合作，支持农村物流企业在共建共享物流节点、设施设备互用互补等方面选择适当范围先行先试。探索直接投资、协同运营、利益划分等方面的模式创新。推进农村物流企业之间互相认证物流标准，在设施设备运营维护、安全责任等领域实现无缝衔接。鼓励物流快递企业互联互通信息系统，扩大信息终端和设备的应用范围，不断提升农村物流网络的运营水平。

（2）**服务"送到门"**。完善农村寄递物流服务体系，弥补村级物流基础设施短板，有效整合村邮站、快递网点、商超等农村物流末端资源，实现物流服务天天有、时时通。根据标志标识、经营场地、工作人员、服务时间等方面的行业规范，加快推进村级寄递物流综合服务站的建设。

（3）**冷链"通田间"**。围绕产地"最初一公里"，补齐冷链物流基础设施短板，基本形成以重点冷链物流基地为核心、以产销冷链集配中心为支撑、以末端冷链物流仓库为基础的冷链物流节点体系。打造农产品智慧冷链物流，推动农村冷链物流设施设备、服务水平提档升级。

（4）**治理"高标准"**。行业治理在农产品上行和消费品下行中发挥着越来越重要的作用。在农产品上行的过程中，高标准的行业治理能够为农业振兴提供活跃的市场通道和必要的支撑条件；而在消费品下行的过程中，高标准的行业治理则可以起到促进农村现代化建设的作用。

（5）**供应链"有生态"**。农产品供应链连接着农产品的各个流通环节，是农产品实现价值增值的链条。由于我国农业生产较为分散，若单纯依靠农民自己建设供应链，一定会存在资金与技术方面的难题。因此，农产品供应链建设不适合以农民家庭为单位，应统筹协调政府主管部门、物流快递企业、网络销售平台等优势资源，形成规模效益与组织优势，构建多方共赢的供应链生态新模式，如图 2-3 所示。例如，在生产端，农产品供应链将物流服务逐步向生产环节拓展，对接农民合作社、龙头企业和种植养殖专业户；在销售端，农产品供应链积极将特色农产品带入全国物流网络并销往各地。

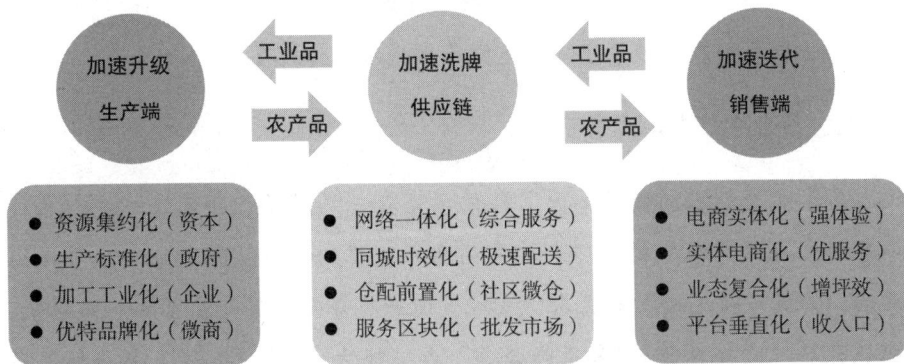

图 2-3　农产品供应链生态新模式

📖 【案例4】湖南邮政打造农村三级物流体系新样本

在"构建农村物流体系"这份答卷上，湖南邮政分公司（以下简称"湖南邮政"）依据地方特色，发挥企业资源优势，提交了一份农村物流体系建设的优秀样本。

◎ 创新网带来甜日子

湖南省怀化市是世界冰糖橙的发源地，种植面积约有 80 万亩。在《中国邮政快递报》的报道中，2021 年湖南邮政帮助当地村民寄递了 100 万件冰糖橙，重量高达 500 万千克，销售收入突破 5 000 万元，果农们都过上了丰收致富的甜日子。

甜日子的背后离不开湖南邮政的贡献。湖南邮政在综合考虑湖南省橙子产业资源配置、市场结构、交通条件等各方影响因素后，整合公司现有空闲场地和分拣设备设施，统筹优化省内物流网络，搭建起"3个省际中心＋6个本地中心＋26个区域集包中心"的组网架构，实现了"两次分拣、一次运输"直达田间地头，构建了"层级最少、成本最优、时限最快"的省内农村物流网络，形成了农村物流网络重组的新模式。2021年湖南邮政的组网模式被国家邮政局授予了"快递服务现代农业金牌项目"的称号。

◎ "交邮合作"解乡愁

有了健全的农村物流体系，即便离家在外的游子过年无法返乡，也可以将对亲友的深深祝福与怀念邮寄到相距万里的故乡。湖南邮政在重新组网后，为满足快递进村的需求，实现"递寄有保障、安心在家收"的愿望，积极开展"交邮合作""客货邮合作"和"邮快合作"。例如，湖南邮政在岳阳市按照市、镇、村三级建立"客货邮"服务点，在汨罗市汽车总站建立了"客货邮"融合发展服务中心。邮包里的邮件、快件都可以沿途被送到各个乡镇和村庄，基本实现村民当天就能收到包裹。此外，为响应国家农村邮路汽车化改造的要求，湖南邮政试点"私车公助"，既可以节省企业成本，也可以为村级站点带来巨大的收益。

◎ 振兴路开拓大市场

常德市汉寿县作为湖南省面积最大的专业果蔬生产基地，是国家级果蔬重点县、全国优质农产品出口基地县。汉寿蔬菜基地与湖南邮政携手共进之后，当地农村专业合作社普遍反映市场的销路更广了。特别是在蔬菜集中上市的时节，满载着大白菜、花菜等新鲜蔬菜的车辆从汉寿蔬菜基地仓储物流中心鱼贯而出，前往北京、广州、深圳等各大农产品批发市场和综合销售超市，甚至前往马来西亚和新加坡等国家。

在湖南邮政的大力推动下，汉寿县逐步形成了冰糖橙、猕猴桃、黄桃、黄花菜等特色农业原产地品牌，并开发出超过200个农产品项目，交出了一份优秀的农村物流体系建设新样本。

2.2 健全农村物流基础设施体系

乡村振兴战略为我国农村物流带来了新一轮的发展机遇，一系列国家政策导向不断推动现代物流业向农村延伸。由于基础设施建设是农村物流发展的基石，因此农村物流需要补齐基础设施短板，重视运输通道与物流枢纽建设，促进相关技术的革新与改造。目前，农村物流基础设施体系建设最主要的任务是围绕国家物流体系的战略规划，完善干支衔接的运输网络与主次分明的物流节点体系。

2.2.1 基础设施体系点线交织

交通运输部等国家部委高度重视农村物流的发展，为了弥补农村物流基础设施的短板，展开了长久而系统的工作。目前，我国已经形成了纵横交织、点线贯通的物流基本架构，有效支撑了城乡物流体系互联互通。但是农村物流基础设施体系包含的基本要素十分庞杂，建设任务还任重而道远。

1. 农村物流基础设施体系的基本要素

农村物流基础设施体系的建设质量直接影响物流的服务效率。从物流系统结构的角度，农村物流可以将基础设施体系粗略地划分成点、线、面三个层次。首先，点是指物流节点，各类节点的作用不同，功能及规模的差异也比较大。其次，线是指运输线路，根据不同的运输方式，运输线路可以分为很多等级。最后，面是指物流网络，包括实体流通网络与信息传递网络。

物流节点相当于物流体系的关节，衔接着货物的运动与停顿，并通过协调货物供需关系产生时间价值。其主要功能包含货物出入库、存储、装卸搬运、包装、加工及信息处理等。根据物流节点不同的功能和作用，其可以分为存储型、流通加工型、配送型和综合型。在农村物流中，物流节点的常见类型有农产品仓库、货运场站、快递分拨中心、配送中心和物流园区等。截至 2022 年 6 月底，我国共建成各类农村物流节点 26.7 万个，物流服务的覆盖率达到 90%。

物流通道是指从事货物流通和信息传递的实体线路和信息线路。物流通道在农村物流基础设施体系中的建设难度最小，因为物流通道往往也是客运通道。我国早已建成四通八达的运输通道，按照通道属性，可以将其分为公路运输、铁路运输、航空运输、水路运输、管道运输五种。在各种运输方式中，我国农村物流公路运输的占比最高，超过了 80%，其次是水路运输和铁路运输，各自大约占比 10%。

2. 农村物流基础设施体系的布局策略

（1）**注重现有设施资源的整合与综合利用**。整合现有设施资源的主要目的是提高物流服务质量与效率、降低经营成本。为此，农村物流基础设施体系的建设应积极推进多种运输方式的互联互通，使现有资源可以提供高质量的农村物流服务。例如，在综合交通较发达的农村地区，其可以尝试推广多式联运，疏通转运微循环系统，发挥不同运输方式的协同优势，让农村也能享受到现代物流带来的便捷高效服务。

（2）**加强新建设施的总体调控与互补衔接**。鉴于农村货运场站与仓储设施在服务对象上具有一致性，农村物流基础设施体系建设应充分协调相似度较高的建设项目，实现最优的资源配置效果。另外，在制定交通运输、电子商务、农业等物流关联产业的发展规划时，农村物流基础设施体系建设应从整体战略高度促进不同运输方式、不同产业之间的物流节点的有机衔接和配合。

（3）**考量基础设施的公益属性与市场需求**。农村物流基础设施体系建设应统筹考虑农村物流基础设施的惠民公益属性与盈利经济属性，首先，将交通运输场站与寄递物流节点合并建设；其次，在农村生产生活聚集区优先开展公共物流配套设施建设，提高农村物流服务的社会化水平；最后，在农村新建的产业开发区和流通区，尽量考虑多式联运对基础设施建设的需求。

2.2.2 农村公路铺成幸福大道

我国农村公路发展日新月异。那些从无路到有路，从九曲十八弯到天堑变通途的情形十分震撼人心，农村出行难的问题得到了根本性的解决。一条条通村公路延伸到农民的家门口，成了农民走向美好生活的幸福路。

1.路网纵横

农村公路在农村物流基础设施体系建设中所占的比例最高。近十年来，我国公路建设不断填补空缺，目前，全国基本实现了所有乡镇和建制村通路、通车。未来，农村公路建设重点将从"走得了"转向"走得好"，侧重增加车道数量，提高路面等级，让广大农民享受到更多的便利。

截至 2021 年，我国累计建成县道 67.95 万公里、乡道 122.30 万公里及村道 256.35 万公里，纵横交织的公路网越铺越密，农村公路里程已经达到 446.6 万公里，如图 2-4 所示；在建设投资方面，2021 年我国农村公路建设投资额达到 4 095 亿元，同比增长 12.9%，如图 2-5 所示；其中，四川省的农村公路建设投资额最多，如图 2-6 所示。除了自然地理条件等客观因素导致公路的单位造价较高，边远地区经济相对落后、车流量不大，也是公路建设主要依靠财政资金和银行贷款的重要原因。除了建设速度较快，农村公路的建设质量也保持了较高的水平。截至 2021 年年底，我国农村公路路面的铺装率、列养率、优良中等路率依次达到了 89.8%、99.5% 和 87.4%。

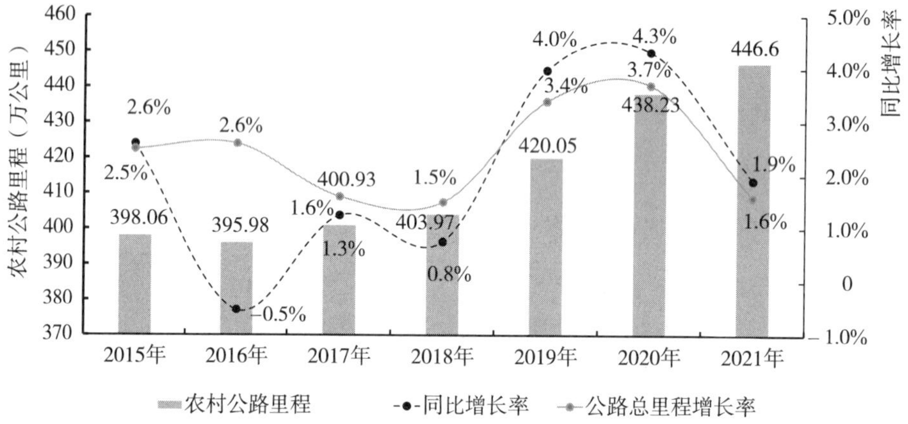

图 2-4　我国农村公路里程情况（2015—2021 年）

图 2-5　我国农村公路建设投资额情况（2015—2021 年）

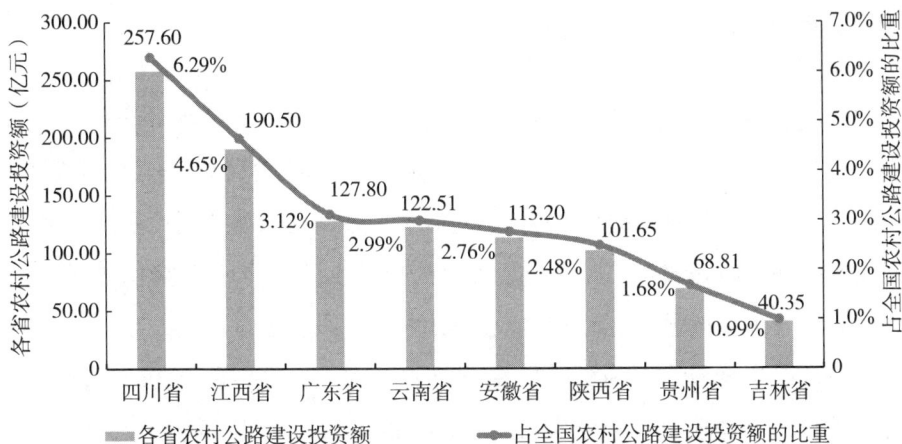

图 2-6　2021 年部分省份的农村公路建设投资额情况

2. 机制优化

农村公路具有里程短、线路多、分布广的特点，管理难度很大。而且基层交通管理部门的力量有限，因此，建立权责清晰、社会力量积极参与的管理养护格局就显得尤为必要。我国向来重视农村公路管养长效机制改革，近年来，交通运输部推行的县、乡、村三级"路长制"，使农村公路的管理水平有了显著的提升。截至 2022 年 9 月，我国农村公路的路长规模达到 65.03 万人。此外，养护农村公路的经费投入、考核监督、技术应用等方面的保障机制也已逐步获得完善。

良好的公路管养机制是延长农村公路使用寿命的基础。一些简单有效的措施即可实现公路的管养到位。例如，有关部门按照"预防为主、防治结合"的公路养护思路，推进精细化的日常管理和养护，变被动养护为主动检查；设置县、镇、村三级路长，实施"网格化"管理养护，消除超限超载、占用公路用地、防护设施短缺等影响农村公路通行和危害公路安全的行为。

3. 制度创新

我国农村公路的政策法规体系处在不断完善中。近年来，交通运输部坚持问题导向，精准施策，制定印发了建设、养护农村公路的部门规章，如图 2-7 所示。特别是在 2019 年，交通运输部等八部委共同颁布的《多部门关于推动"四好农村路"高质量发展的指导意见》，为带动全国农村公路持续健康发展，改善农村地区的交通条件发挥了重要的作用。鉴于农村公路的建设投资量较大，为了提供建设资金保障，财政部联合交通运输部出台了用车辆购置税收入补助农村公路建设的办法，以此提高资金的使用效益，促进公路建设事业的健康发展。

2018年11月《农村公路建设质量管理办法》
- 明确农村道路建设项目，实行质量责任终身制，为农村道路建设提供依据，让农村道路建设更加规范，有法可依。

2019年7月《多部门关于推动"四好农村路"高质量发展的指导意见》
- 要求农村公路建设要因地制宜、以人为本，与优化村镇布局、农村经济发展和广大农民安全便捷的出行相适应，要进一步把农村公路建好、管好、护好、运营好，逐步消除制约农村发展的交通瓶颈，为广大农民脱贫致富奔小康提供更好的保障。

2020年10月《交通运输部　财政部关于组织开展深化农村公路管理养护体制改革试点工作的通知》
- 同意河北省等地区开展农村公路管理养护体制改革试点工作，要求各改革试点地区要围绕深化农村公路管理养护体制改革有关要求和所选试点主题，明确任务目标、落实责任分工、强化保障措施，确保试点工作扎实有序推进。

图 2-7　建设、养护农村公路的部门规章

顶层设计的不断完善，为农村公路建设提供了良好的政策环境。《农村公路养护技术规范》等工程技术标准规范，加大了对农村公路工作的指导力度。同时，农村公路技术状况评定等行业监管工作也有了相应的标准。通过一项项有针对性的制度创新，农村公路步入内涵式发展阶段，通达范围、管养能力和服务水平有了显著的提升。

2.2.3　农村节点建设全面开花

我国农村物流三级节点的覆盖面越来越广泛，初步解决了农民"买慢、卖难"的问题。截至 2022 年，我国农村地区已建成县级物流节点 990 个、村级物流节点 27.8 万个。为了进一步提升农村物流节点的连接度和覆盖面，有关人员必须科学分析农村物流的需求特征，合理确定县、乡、村三级农村物流节点的属性与功能，形成城乡一体化的物流体系。

1. 三级节点层次分明

农村物流节点分为三级，分别是县、乡、村。县级物流节点强调枢纽功能，重点开展处理中心和仓储中心的一体化建设；乡级物流节点侧重联结上下流通渠道；村级物流节点承担多站合一的功能，侧重开展各类末端综合服务。

（1）县级物流节点

县级物流节点是城市与农村之间干线运输的中转站，也是农村物流支线运输的起点。县级物流中心一般被布局在交通较为便利的地段，同时为了充分发挥产业的辐射带动作用，往往靠近工业园区、产业集聚地带和农产品集中种植区。

县级物流节点建设以物流中心为主，功能设计一般包括仓储、包装、加工、装卸搬运等。县级物流中心充当干线运输与支线运输的"接力"角色。由于县域经济中的商品流通分散程度较高，为了形成规模效应，县级物流中心的功能更注重集聚与分拨，从而保障正常运营。另外，县级物流中心还承担着应急保供作用。当县域内出现自然灾害或公共安全突发事件时，县级物流中心可以调拨生活物资用于抢险救灾。

（2）乡级物流节点

乡级物流节点在农村物流体系中是上接县、下联村的中间层节点，肩负着乡镇范围内的物流运营责任，负责完成各类物资的短期储存和小规模分拨任务。乡级物流节点分为三类：具有部分物流功能的货运服务站；利用现有农村公路养护站和交管站等改建的物流站点；充分利用邮政、供销、电商业务站点资源改造的快递配送站。

乡级物流节点具有三个基本功能：首先是运输辅助功能，包括停泊、装卸、配送；其次是仓储功能，包括分拣、存储；最后是寄递功能，包括收寄、包装、分拨等。另外，乡级物流节点还可以拓展电商产品销售、代办便民服务、农产品代销等业务。

（3）村级物流节点

村级物流节点是农村物流的末梢节点。由于村级物流业务量的差异较大，因此各地视实际情况采取"直分直投""智能柜投递""站点自提"等服务方式。村级物流节点一般由政府提供建设补贴，建设标准通常包括门面标识、内部装修、业务信息、收费标准、营业时间、管理制度和联系方式等基本内容。

目前，我国村级物流节点的整体覆盖率较低，存在很多建设与经营困境。最突出的矛盾是多数物流企业不愿意，也没有实力承担村级物流节点的运营成本，单靠农村收寄件订单无法保障网点的日常运营。因此，除了收寄件业务，村级物流节点必须跨界融合，拓展其他增值服务，包括开设便利店、农民合作社等来扩大收入来源，增强可持续运营的能力。

2. 进村节点逐步推进

根据国家邮政局的统计数据分析，农村物流节点建设正处在加速推进的过程中。截至 2021 年，中国邮政已经建成 5.4 万个支局，所有的村和镇都设置了邮政局所，所有的建制村都可直接通邮，农村快递服务营业网点共计 7.5 万处，如图 2-8 所示。

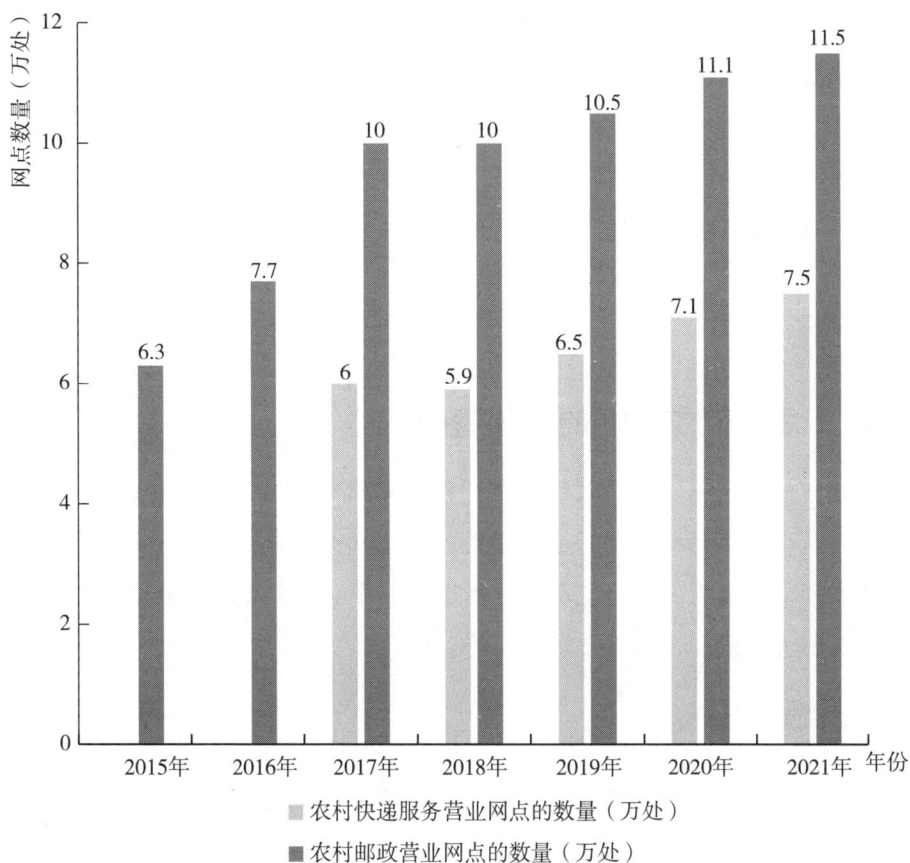

图 2-8　2015—2021 年我国农村物流营业网点的建设现状

在我国农村物流营业网点的建设过程中，物流快递龙头企业的表现较为突出。京东、顺丰、韵达快递、申通快递和中通快递等企业在农村地区的业务覆盖率均已超过 85%。通过具体的数据分析，我们可以更清晰地看出物流快递企业正在加快进村步伐。截至 2021 年，中通快递拥有物流快递服务网点 3 万多个，物流网络通达全国 99% 以上的区县，覆盖全国 93% 的乡镇；韵达快递、顺丰、申通快递的乡镇覆盖率也超过了 90%；京东可以在全国 93% 的区县、84% 的乡镇实现当日达和次日达。

2020 年，国家邮政局重点实施了三项农村物流工程，分别是空白乡镇局补建、快递下乡和建制村通邮，夯实了农村物流节点建设的坚实基础。

县、乡两级的物流节点数量已基本满足农村流通的需要，未来的建设重点主要是数量庞大的村级节点。村级节点由于缺少实体经营者的支撑，因此物流服务质量还处于较低的水平，物流快递企业自营网点进村更是捉襟见肘。在此现实背景下，政府的财政补贴支持对于推动建设村级物流节点至关重要。同时，物流快递企业也需要创新经营模式，克服进村建站的诸多困难。

📖 【案例5】花田村的"物流秘籍"

花田村，隶属于广东省清远市下辖的英德市西牛镇，是一个典型的农业产区，其盛产的麻竹笋一直是当地的特色产业。广东邮政分公司看准当地丰富的农产品资源，率先在英德邮政分公司（以下简称"英德邮政"）构建三级物流体系，打造了一套行之有效的"物流秘籍"。

◎ "两中心一站点"

这里的"两中心"分别是指县中心和乡镇中心，"一站点"是指村级站点。英德邮政采取"中心乡镇支局"的建设方式，一共搭建了7个乡镇中心，每个乡镇中心辐射2～4个建制镇，共配备了11条直运邮路。

目前，英德市级寄递共配中心的主营业务为邮件处理、农村电商上下行仓配、"邮快合作"转运等。英德市级寄递共配中心的邮乐购仓储场地和农产品仓库，成了村邮站的后方根据地。英德市级寄递共配中心平均每天的业务处理量高达14万件，还承担了每天1万件的快递共配业务。

◎ 串联农村投递节点

在乡镇中心中，西牛镇采取"前店后仓"模式，"后仓"是指西牛镇邮政运营中心，"前店"是指西牛镇寄递共配中心。同时，西牛镇采用"私车公助"实现了从镇到村投递路段的汽车化，这成了串联起三级物流节点的关键点。同时，西牛镇配套优化农村投递道段，推行甩点投递作业模式，将原有的 6 个摩托车投递道段优化为 2 个汽车投递道段，使得投递量由原来的 0.9 万件 / 月增加到 3.6 万件 / 月，揽收量由原来的 275 件 / 月升至 1.2 万件 / 月。

◎ 分类推进农村末端节点建设

为了建好农村物流体系的关键末端节点——村级站点，英德邮政将村委会、小超市等现有资源进行规范化改造，统一建成了邮政综合便民服务站。"多站合一"的村级节点不但使村民享受到便捷的寄递服务，而且让甩点投递作业模式得以顺利推行。

2.3　优化农村物流组织体系

2022 年上半年，我国农村快递的收投量突破 219 亿件，充分彰显了农村物流产业的快速发展。但是农村物流也面临着组织体系不健全、组织管理较粗放、村级组织力较弱等突出问题。针对以上问题，本节从行业治理和市场培育等视角，提出了优化农村物流组织体系的措施。

2.3.1　改善农村物流治理

虽然农村物流经营活动是企业行为，但离不开政府的治理和调控。从"支持电商与快递进村"到"加快电商与快递进村"，政策的变迁表明了农村物流发展在政府的大力支持下，已经进入快速发展的新阶段。围绕农村物流降本提效、开源增收等问题，各地政府均加大了扶持力度，具体的扶持措施如下。

1. 政策放宽

从制定农村物流政策的角度，政府要持续推进"放管服"改革。"放"的主要着力点在于精简物流站点审批程序，免除一些重复或没必要的规则，实现网上备案与审批不用"往返跑"；另外还包括规范快递经营活动，因地制宜地选择适合本地区的业务类型。"管"包括应对侵害消费者权益的现象，依法实施严厉的监管措施，对未按名址投递等现象加强执法，引导企业提高物流标准化水平。"服"包括完善行业治理措施，调动农村基层组织的积极性，以及各部门协同配合、共同改善农村物流的营商环境。

2. 资源整合

地方政府引导物流企业之间以入股或联营方式共同建设物流共配中心；引导邮政、快递、交通、供销、商贸等企业共用末端配送网络；推动各级政府主管部门共同参与农村物流管理，有效解决农村物流园投资、共同配送中心用地等现实问题。对于经营困难、持续亏损的农村末端物流站点，地方政府应适时制定升级改造方案，通过调整业务范围、提升运营效率等措施，充分挖掘现有资源的潜在价值。

3. 资金扶持

政府面向农村物流经营主体完善贷款优惠、税费减免、资金补贴等扶持政策，切实减轻企业负担，并对农村物流先进典型及时予以表彰奖励；政府统筹"快递进村""乡村振兴"发展资金，对符合条件的物流共配中心、物流综合服务站点、村级末端网点等给予适当的补贴。例如，对于新建或改造的农村物流站点，黑龙江省当地政府每年给予每个站点2 000元的补贴。

2.3.2 培育农村物流企业

2022 年中央一号文件提出，支持大型流通企业下沉供应链。中国邮政、菜鸟网络、京东、顺丰等物流快递企业积极响应，深度扎根农村物流市场，开启了打通农村物流"最后一公里"的加速赛。在龙头企业的带动下，地方企业也借助着乡村振兴的"东风"，尝试打开农村物流的"山门"。

1. 企业下沉农村的现状

不管是"快递下乡"还是"快递进村"，快递物流企业均投入了大量的人力和物力。目前，西部地区大多数建制村实现了两个以上快递品牌的到村服务，中东部地区建制村普遍实现了三个以上快递品牌的到村服务。如图 2-9 所示，根据国内快递业务量的集中度分析，从 2013 年到 2021 年，快递业务量排名前五的省份的市场集中度从 68.4% 降到 65.89%；快递业务量排名前十五的省份的市场集中度从 62.0% 降到 52.18%。由此推测，快递物流企业已经逐步开始下沉农村，争夺广阔的农村物流市场已是大势所趋。

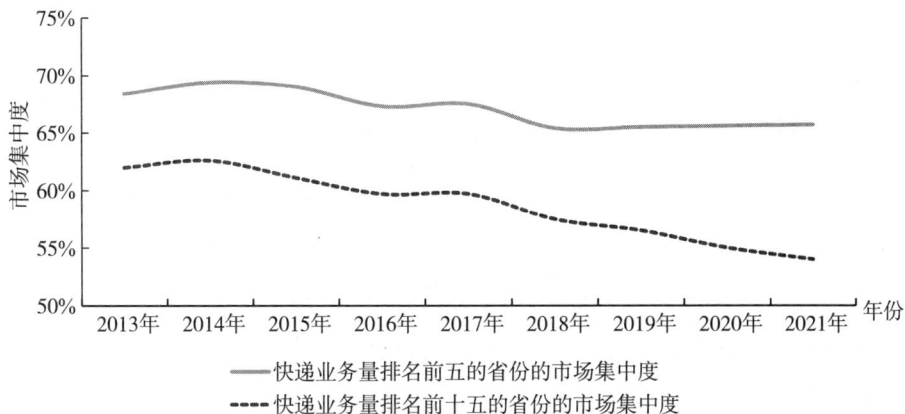

图 2-9 国内快递业务量的市场集中度分析（2013—2021 年）

2.企业培育方式

"成本高、收益低"是农村物流经营者绕不过的困难。从大型企业的实践经验来看，虽然目前农村物流的盈利比较困难，但是不管出于服务国家战略的考虑，还是出于抢占新市场的考虑，物流快递企业都应纷纷根据自身特点尝试不同的业务创新模式，努力攻克市场下沉难关。在实践中应用较多的"快快合作""邮快合作""交快合作"，均属于农村物流的共配范畴，主要目标是在分拣、配送等重要环节降低成本，提高效率。"快商合作"采用"互联网＋寄递"的新业态开展农村物流业务，菜鸟网络建立的共配公共服务站点就是这种模式的成功案例。

除了大型企业主动进军农村物流市场，近年来，各地政府也根据自身农村经济发展的特点和农村物流服务的实际需求，大力培育本土企业。政府重点扶持的类型可以分为以下几种：一是"交通运输＋邮政快递"两业融合；二是"电子商务＋农村物流"新业态；三是"特色产业＋农村物流"供应链。在地方政府的大力扶持下，2022 年我国快递业务量超千万件的"快递服务现代农业金牌项目"已有 117 个。

📖 【案例 6】打开"山门"，远安正星扛起农村物流发展大旗

远安县地处湖北省宜昌市的山区，大米、香菇、黄茶等当地特色农产品久负盛名。远安县正星物流有限公司（以下简称"正星物流"）自 2016 年成立以来，依托当地丰富的农产品资源，牢牢抓住了农村物流快速发展的大好机遇。正星物流于 2020 年初在鸣凤镇北门村建立了一个 3 000 多平方米的县级农村电商物流分拨中心，同时在全县广泛设置覆盖所有镇级与村级节点的物流服务站，数量分别为 84 个和 102 个，切实满足了农民生产生活的需要。

◎ 整合优势资源，促进农村物流双向共配

正星物流聘用了充足的农村物流站点配送员，这些人每天早晨到公司仓库取货，核查订单后将货物送到每一个村级物流服务站。除了便民配送，公司在每个建制村还配备了一名"农产品信息员"，他通过微信群等交流渠道及时向村民发布每日的收购信息，并开展农产品的收集和称重登记工作。另外，正星物流依托快递配送的返程空车，把从各个村级网点代收的农产品，统一运往县城仓储中心进行在线销售，真正优化了农产品进城、消费品下乡的双向共配渠道。

◎ 开发物流小程序，构建农产品流通新模式

新零售已经成为互联网经济下的一个高频词汇，正星物流紧跟热潮，探索建立了"商贸＋电商＋物流"的新零售模式，开发出"正星优选"同城购小程序。公司鼓励村民学习小程序的操作方法，以便增加村级物流服务站的业务量。正星物流收集了农户的零散农产品后，将其集中运输至农产品集散中心进行二次分拣包装，随后销往商超、电商或餐饮企业，实现了"村点有人收、途中有人运、城里有人卖"的流通闭环。通过"线上＋线下"的农村物流经营模式创新，正星物流实现了"线上今日订，城区当日达，乡镇次日达"，较好地满足了广大农民的物流需求。

2.4　巩固农村物流支撑保障体系

农村物流支撑保障体系主要包括信息技术、物流标准和物流人才三个保障要素。这些要素关系到农村物流的发展进程，对释放农村物流发展潜力、促进城乡物流一体化具有重要意义。

2.4.1 洞察农村物流支撑保障体系的全貌

农村物流支撑保障体系是农村物流内涵式发展的重要内容，本小节主要从信息技术、物流标准和物流人才这三个保障要素展开阐述。

1.信息技术

农村物流体系的各个组成部分都离不开信息技术。准确及时的信息传递有助于促进农村物流体系的高效运作，先进的科学技术有助于促进农村物流的高质量发展。随着互联网技术的普及应用，农村物流的信息化水平日益提高。目前，我国大部分农村地区基本实现了与城市"同网同速"，2021年，农村宽带接入用户数达到1.577亿户，农村宽带用户占比达到29.4%，如图2-10所示；农村互联网普及率已升至59.2%，如图2-11所示。随着农民对电子商务越来越熟悉，截至2021年年底，全国农村网商、网店已有1 632.5万家，农村网络零售额高达2.05万亿元。

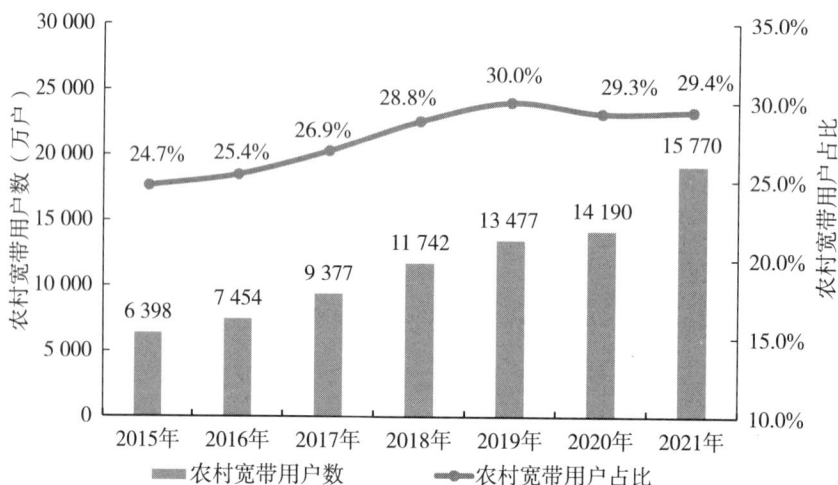

图 2-10 2021 年我国农村宽带的用户数和占比情况

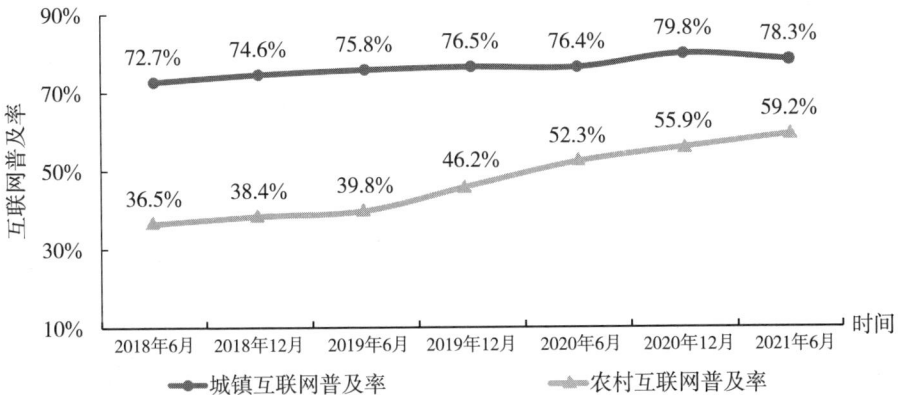

图 2-11　城镇和农村的互联网普及率对比

随着智慧物流的兴起，先进的科学技术逐步打开了农村物流自动化、智能化的大门。近年来，一些农村地区建设的智能无人驿站、村级基站、无人机、低空索道线路等智慧物流场景，均取得了良好的效果。但是，由于农村物流点多面广、业务分散、利润不高，因此大部分企业不愿意在农村超前投放先进的设施设备。随着乡村振兴的深入推进，农村经济发展对优质物流服务的需求会越来越大，智慧物流在农村地区具有广阔的应用空间。

2. 物流标准

标准化是物流服务质量的重要评判标准，在农村物流体系中具有举足轻重的作用。我国农村物流基本上没有出台国家标准，主要依靠一些物流行业通用标准及政策法规进行管理。同时，我国农村物流也缺乏农村物流共配管理、信息共享等新业态的标准规范。为了提高企业的农村物流运作效率，我国有必要推广国家标准，开展农村物流标准化工作，采用统一的标识、规范化的服务进行物流运作，同时使用标准化的设施设备衔接各个物流环节。例如，我国推进农产品运输仓储、装卸搬运、包装加工等物流作业环节的标准化。

3.物流人才

农村物流的快速发展产生了大量的物流人才需求。高素质人才能充分发挥专业特长，科学规划农村物流体系，精准优化农村物流的运营活动。根据国家邮政局的统计数据，物流行业为农村地区超过 150 万人提供了就业岗位，而且很多物流企业的工资水平高于当地的人均工资水平。物流行业已成为服务农业、联通农村、帮助农民的先锋力量。以 2020 年前 8 个月为例，物流行业在农村提供了 15 万个新的就业机会，特别是为超过 500 个贫困县的 10 万贫困人口增加了 1 亿多元的经济收入。

目前，农村物流的高质量发展仍然缺乏具备专业素养的高素质人才。相对于城市物流而言，农村物流的工作强度大、生活环境不够理想，难以吸引和留住高素质人才。因此，如何吸引高素质人才下沉农村、热爱农村，确保他们"愿意来、留得下、发展好"，是影响农村物流发展水平的重要因素。

2.4.2 推动农村物流支撑保障体系降本增效

鉴于农村物流支撑保障体系的重要性，农村物流未来应聚焦降本增效，积极推动农村物流信息化建设和应用先进的物流技术，健全各类物流标准，加快物流人才培养，为农村物流的高质量发展提供有力的支撑保障。

1.开启农村智慧物流新时代

为了充分发挥信息化对乡村振兴的驱动力，国家印发了《2022 年数字乡村发展工作要点》。其中，关于农村物流的重点要求有以下几个。

（1）积极提升信息技术应用的覆盖率。在县域层面，打造综合信息服务平台，减轻企业信息化的投资负担，减少信息孤岛现象。运用人工智能、大数据等新技术实现农村物流的信息化管理、自动化运作和智能化控制；拓展网上交易、配送管理、过程监控、结算支付、金融保险、大数据挖掘等业务；做好与农村电子商务、邮政快递服务等平台的高效衔接，促进县、乡、村三级物流信息资源的有效集成和合理配置。

（2）加强农村物流信息终端建设，利用智能物流信息技术，实现物流全链条的智能管理。例如，加强农产品产地溯源；增加智能化设施设备的数量；推进企业经营信息数据与公共物流信息服务平台的对接；利用数据编码技术、无线射频技术、定位技术等先进物流运作方式，加强对物资流转、车辆定位调度、订单信息的全过程监测。

2. 打造高品质农村物流服务标准

首先，农村物流应完善服务标准。具体包括以下内容：制定农村物流各级节点的建设标准，明确物流站场在业务功能、运输线路、货物转运、仓储、配送、安全监管等方面的具体要求；加快制定农村物流服务标准，特别是与提升村级物流服务水平、推动末端配送网点规范运营有关的标准；构建良好的农村物流市场诚信标准，规范农村物流经营者的市场行为，提升物流的服务品质。

其次，农村物流应制定"硬件"标准。具体包括以下内容：（1）物流设施设备标准化，促进托盘、周转筐、包装、集装箱等集装单元器具和相关设施设备的标准化；（2）物流作业标准化，主要涉及装卸搬运、包装加工、分拣理货等环节的标准化；（3）物流信息标准化，最根本的是推动编码标准化，这是农村物流信息化的首要标准。此外，农村物流还需要制定数据采集与交换标准、信息系统标准等。

3. 为农村物流注入"新鲜血液"

农村物流亟须增加年轻力量来增强发展活力。目前，农村物流还存在服务不标准、末端运营粗放、管理制度不健全等诸多问题，迫切需要加大人才培养与引进力度。培养与引进农村物流人才的方法有很多。具体包括：通过政策优惠、资金支持、股权激励、成果转化等措施吸引各类物流人才下乡；推动物流企业与高等院校合作，以联合培养或订单培养的方式向农村地区定向输送高素质人才；扶持物流培训机构和大型物流快递企业开发农村物流人才培训项目；由高校、科研机构、企业、行业协会联合打造农村物流智库，开展农村物流专题研究，为政府提供决策咨询，为农村物流企业提供培训和业务指导。

📖 【案例7】楚雄市破解农村物流智慧化瓶颈

楚雄市位于云贵高原中部，隶属于云南省楚雄彝族自治州，交通不便利、城乡距离远、物资流通不畅等问题严重制约着当地的经济发展。楚雄市自2020年被列为首批国家数字乡村试点地区后，通过整合各种优势资源，构建了畅通便捷、经济高效的"农村客运＋智慧农村物流"模式，极大地提高了楚雄市城乡物流双向循环的能力，破解了该地区农村物流发展的瓶颈。

◎ 资源为基，打造农村物流体系

楚雄市基于现有的农村客运班线、公交线路、客运站点、物流快递网络等优势资源，打造了1个集交通、物流、邮政、快递、商贸等多个功能于一体的物流集散中心，15个乡镇物流配送中心、154个村级物流综合服务站点，搭建起三级农村物流体系，充分满足了楚雄市农村物流的发展需要。

◎ 技术引领，开发智慧物流平台

为了激活农村物流的数据潜能，推动农村物流数据向数据资产转化，楚雄市建成了八爪鱼农村智慧物流公共信息平台，并鼓励知名物流快递企业在平台上共享数据资源。该平台致力于打通物流信息屏障，通过整合配货调度、运输监控、运输资源管理、货物溯源等环节的信息资源，有效提高物流运营效率。该平台的核心在于应用互联网技术实现物流信息化和智能化。例如，平台通过收集农产品上行及工业品下行的信息，提高农村物流的供需匹配度，通过挖掘分析物流站点的数据资源，提高物流站点的整体运营效益。

◎ 模式创新，提升农村物流服务水平

楚雄市通过八爪鱼农村智慧物流公共信息平台实现了电商与物流的线上对接，在线下采用"交通与物流融合"的模式降低了农村物流的运营成本。另外，楚雄市鼓励村民采用拼单方式将分散的农产品集中起来，凑零为整形成一定规模的订单量，利用农村客运班线将农产品运输至市内的物流集散中心，再通过八爪鱼农村智慧物流公共信息平台进行统一分销，确保农产品"运价低、卖价高"，将产量上的丰收切实转化为经济上的增收。楚雄市的统计资料显示，在 2022 年前 8 个月，全市农村地区的物流快递业务总量达到了 110 万件，货物运输量超过了 1 600 吨，线上农产品的销售额高达 1.62 亿元，农民整体增收近亿元，全市新增 3 500 个就业岗位。同时，由于信息化的带动作用，全市的物流成本降低了 700 多万元，真正促进农村物流实现降本增效和高质量发展。

第 3 章

农产品物流

农产品物流是农业生产资料流转与农产品流通的必要手段，是转变农产品生产经营方式、推动现代农业发展、加速农产品流通的关键环节，是全力推进中国农村现代化建设和维护食品安全的基础保证。本章基于农产品物流的重要性，系统地介绍了农产品物流的基本常识，实践与探索，以及发展趋势。

3.1　出村进城：农产品物流的基本常识

中央一号文件《中共中央　国务院关于做好 2022 年全面推进乡村振兴重点工作的意见》提出"加快实施'互联网＋'农产品出村进城工程"。大家要想理解农产品出村进城的重要意义，首先要理解什么是农产品物流，农产品物流有哪些特征，以及其发展现状如何。

3.1.1　什么是农产品物流

农产品物流是为了满足消费者对农产品的需求，运用一定的物流技术，实现农产品从供应地到消费地的流通。农产品物流包括多个环节，如运输、仓储、流通加工、包装和配送等。此外，生鲜等具有特殊要求的农产品需要特殊的物流技术来保证农产品的最大价值，如农产品冷链运输、农产品冷库等。随着互联网与电子商务的发展，农产品物流包含的业务不断得到拓展，如海外仓、智能库、无人机和无人配送等。

在我国，农产品物流的内容主要包括三个方面，如图 3-1 所示：一是参与农产品物流的人员，包括农户、农民合作社、贩销户、批发商等；二是农产品的流通途径，如从农户到农民合作社、从农民合作社到批发商等；三是农产品物流服务，包括储存、运输、加工、配送等。

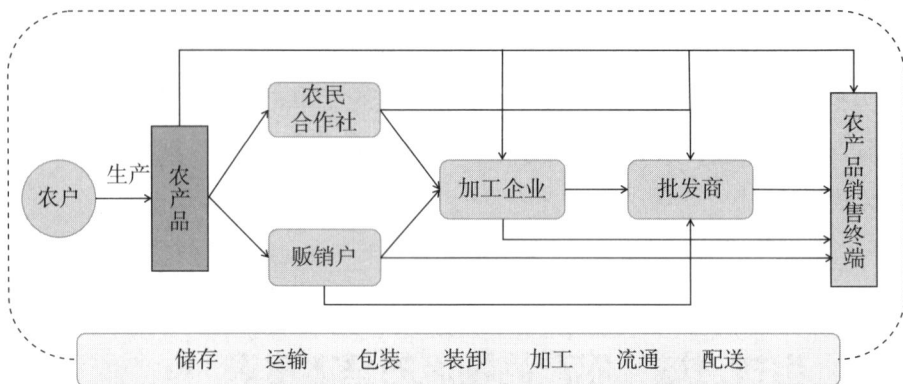

图 3-1　农产品物流的内容

3.1.2　农产品物流的特征

第一，服务对象的种类与数量繁多、性质各异。农产品是以种植业、林业、畜牧渔业为主要来源的初级农产品，不同类的农产品，甚至同一类农产品的性质均存在很大的差异。例如，粮油作物与水产品的性质就有显著的不同。

第二，季节性与区域性。在我国，各个地区由于受土地、气候、地貌等自然环境的影响，所生产的农产品的天然属性也不一样。例如，南方以种植水稻为主，北方以种植小麦为主。农产品的这种季节性与区域性特点使得农产品物流也具有季节性与区域性的特征。

第三，服务要求高、操作难度大。在储存、运输、包装、装卸和配送等多个物流环节，农产品易破损、变质、受污染等，服务要求比较高。另外，我国农产品物流的发展还相对滞后，存在相关物流配套不健全、物流流程不完善的问题。

第四，农产品物流的方向是出村进城。农产品源于农村，通过物流作业被送到城市的广大消费群体中。农产品物流是为了满足城市对农产品的需求，将农产品从农村准确、快速地转移到城市。

3.1.3　农产品物流的发展现状

在打通农产品流通"最后一公里"、提升农村一二三产业融合发展水平、助力乡村振兴战略等方面，农产品物流发挥着十分重要的作用。据统计，我国农产品物流总额呈逐年递增趋势，如图 3-2 所示。2021 年，我国农产品物流总额达到 5 万亿元。

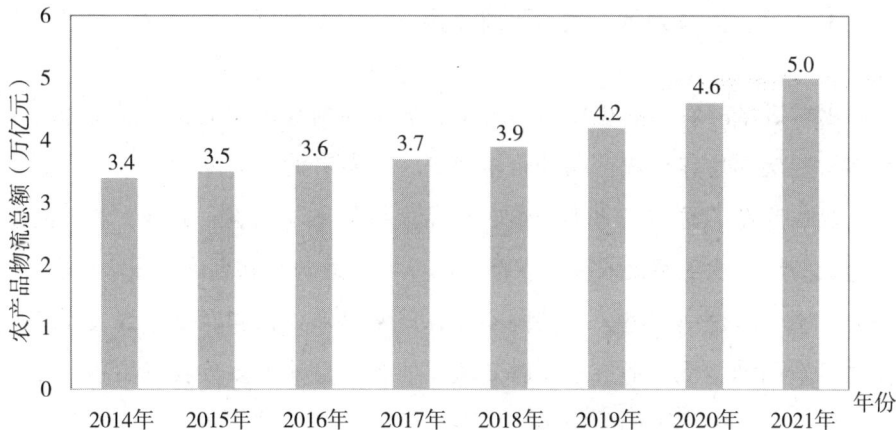

图 3-2　2014—2021 年我国农产品物流总额

为保障农产品（特别是生鲜农产品）流通顺畅、加快农业产业化进程，好的流通方式和快捷的物流渠道尤为关键。虽然当前农村物流的政策正在不断完善，互联网覆盖率逐渐提高，全国农村物流市场的规模日益扩大，但是农产品物流仍面临以下几个方面的难题，"农产品上行"之途仍然坎坷。

1. 农产品出村进城困难

在一些农村地区，由于农产品的产业规模小、品种类别不全，因此其品牌效应不强，再加上没有连接城乡流通市场的桥梁，给农产品在出村前的"最初一公里"和进城后的"最后一公里"带来了阻碍，影响了农产品出村进城的进程。

2. 农产品冷藏难度较大

我国现阶段农产品物流的冷藏设施具有数量过少、设施建设滞后、冷链技术应用欠缺等问题，还没有建立从原产区到终端用户的冷链流通链条。在整个冷链流通链条中，保鲜措施不到位会导致很多农产品腐烂或变质，从而造成巨大的损失，其中，未经加工的新鲜或优质农产品占据了大部分。

3. 农产品竞争力低、品牌观念不足

出村进城的农产品规模小而分散、成本较高，再加上农产品流通环节较多，层层加价导致农产品的价格过高、消费者的压力增大，从而降低了农产品供应链的总体竞争力，给农产品上行带来了困难。另外，农产品出村进城的经营状况不仅取决于农产品的品质，还与其知名度有很大的关系。例如，奉节脐橙由大型公司共同参与，产量足够大，同时奉节县人民政府全力打造品牌脐橙，形成了品牌效应。但是，目前大多数农产品还存在缺乏宣传、品牌意识不强的问题。

4. 农产品物流的经营模式不成熟、缺乏创新

现阶段，农业交易不再局限于单纯的直面交易，还包括在电商等第三方交易平台进行销售。但是，进入市场的农产品仍以产品附加值低、物流运行效率低、仓储集货发展滞后的传统产品为主。

综上所述，农产品物流的发展还存在诸多问题，需要政府和社会各界联合起来，加速构建基础设施、进一步优化农产品的运输作业环节、推动农业与电商物流融合发展、提升物流的信息化水平，以带动广大农户增加经济收入，进一步提升农产品的质量和竞争力，畅通城乡流通渠道，使农户经济、农产品和市场密切相连。

📖 【案例8】奉节脐橙春节"进城"，德邦快递全程"护航"

随着春节的到来，重庆市奉节县的特色产品奉节脐橙正处于上市的黄金期，大批量的奉节脐橙即将进入市场；然而，奉节脐橙却遇到了春节快递停运这个"拦路虎"。如何保障奉节脐橙从脐橙树上被顺利地送到春节的餐桌上，成了奉节果农最大的担忧。通常情况下，一些零散的小批量订单都会由果农运到快递网点进行集中揽收；而这个过程在一定程度上也降低了果农的生产作业效率、影响了寄递体验，最重要的是增加了奉节脐橙的快递物流周期，对奉节脐橙的品质造成了一定的影响。德邦快递在充分了解上述问题后，于2020年首次进入"奉节脐橙"的农产品寄递市场，并取得了非常好的效果。其做法的成功之处主要体现在以下几个方面。

◎ 采取"上果园揽收"的服务标准，全力解决奉节果农发货难题

针对上述问题，德邦快递在奉节脐橙的主要产地布局了超过30个收货点，做到了在乡镇扎根。这样的布局不仅为果农提供上门揽收、大小件不限收的服务，还能做到"脐橙树前收件"的服务，这极大地方便了当地老百姓。此外，德邦快递提出"上果园揽收"的服务标准并落到实处，这对提高果农的生产作业效率、提升寄递体验具有重要意义，同时进一步使果农全心备战年货的网购浪潮。

◎ 通过定制化的农产品物流作业，全流程呵护奉节脐橙

奉节脐橙作为重庆特色，有独特的彩盒包装。为了保护这种包装不受损害，同时保证奉节脐橙的质量，德邦快递提前订购了专业的水果包装，并且规定只要是川渝地区以外的长途订单，德邦快递都可以为其提供再包装服务。这种做法大大降低了奉节脐橙在运输和配送环节的损耗。此外，在运输车辆的调度上，德邦快递优化了车辆调配频率，不仅实现了在各乡镇的滚动发车，而且保证了当日即发即走的配送时效。

◎ 使用大数据优化运输路线，全面提升快递转运效率

为了全面提升运输作业效率，德邦快递自 2009 年就开始运行"动态路由"系统，即将物品装车后，基于大数据进行算法优化，对车辆路线进行瞬时优化，进而减少中转频数，提升快递的时效性。此外，德邦快递的数字孪生中心从 2019 年 11 月 11 日开始在全国各地区进行推广应用。基于上述技术，德邦快递通过大数据集合，全面快速地掌握奉节脐橙的运输情况，进而大幅提升了管理效率。

◎ 采取农产品派送优先政策，全面提升果农寄递体验

德邦快递明确要求优先配送农产品，并提出"60kg 以内免费配送上楼"，提供"上至 60kg，100% 免费上楼"的配送服务。德邦快递的上述惠农策略，使奉节脐橙的配送效率和客户体验得到了极大的提升。

3.2 经典与现代：农产品物流的实践与探索

农产品物流在迅猛发展的同时，也在不断进行改进和完善，并呈现出与以往不同的经营方式。从最原始的农户自产自销到依托电子商务实现农产品流通，农产品物流的经营模式可以分为经典模式与现代模式两大类。

3.2.1 农产品物流的经典模式

随着我国物流业的不断发展，农产品物流的实践处在不断发展与变革中，并形成了几种较为经典的经营模式，下面将展开介绍。

1.最原始流通——自营农产品物流

自营农产品物流是指由农户或小型农产品基地完成的、使农产品从农户到最终用户的流转模式，这种模式最原始，也最简便。缩短流通环节、大幅降低交易成本、产品价格更低是该模式的突出优点；但规模小、市场集中度低、产品附加值不高是其不足之处。该模式仅适用于流通范围较小、流通数量较少的情况。这种模式在一些边远落后、欠发达的地区仍然存在，但已经不能适应市场经济建设的需要。

自营农产品物流可分为三种：（1）以加工企业为物流服务主体的方式；（2）以流通企业为物流服务主体的方式；（3）以批发商为物流服务主体的方式。其中，以批发商为物流服务主体的方式最为常见，如图 3-3 所示。

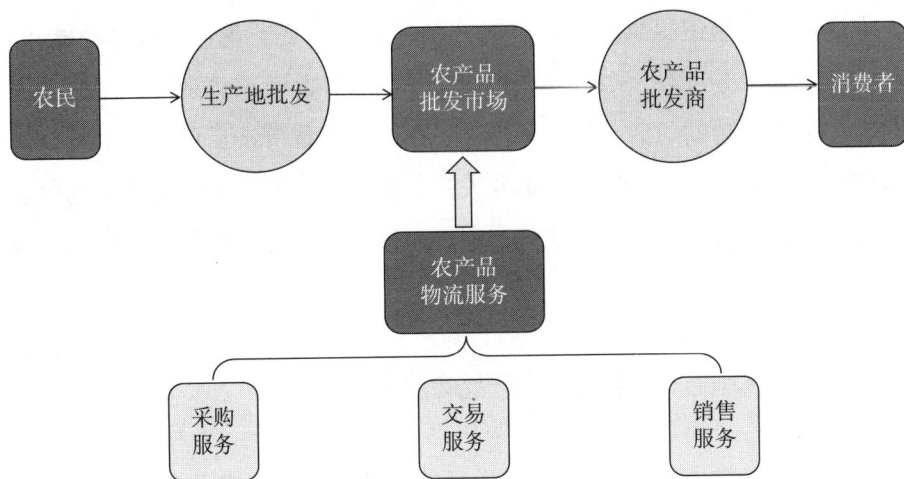

图 3-3 以批发商为物流服务主体的方式

农产品批发市场是以批发商为物流服务主体的方式的关键环节。通常情况下，农产品在到达消费者之前是先从农户转移到批发商的，这中间可能还会有其他的交易环节。总体来说，这种方式增加了买卖交易的环节，但也增加了物流服务的环节和物流技术衔接的困难。此方式通常不会有第三方物流的参与，加上农产品批发市场普遍存在硬件设备差、管理模式滞后等问题，因此不但无法保证农产品的质量，而且会增加物流的成本，造成人力和物力的极大耗费。这种方式带来的好处是可以扩大农产品的交易范围，有效实现农产品的快速配送，提高农产品的流通率。

2. 合作式经营——农业合作组织农产品物流

农业合作组织农产品物流以农业合作组织为主导，通过合作的方式，把小群体的农民组织起来，汇聚成大的销售群体，进行抱团营销，共同抵御市场经营风险，进而大幅提高农产品的市场竞争力。这样就大大减少了整个农产品交易的环节，降低了交易成本，无论对农民还是对消费者都有非常大的好处。同时，农户可通过集体采购的方式，借助农业合作组织将所承担的成本和市场风险降到最低，形成农产品物流的规模优势。

农业合作组织提供的服务可以分为三类：一是农业生产资料的储存、配送等产前服务项目；二是农业科学指导、农产品栽培管理等产中服务项目；三是农产品的包装、流通、加工、配送、销售等产后服务。农业合作组织的作用包括：上联市场、下联农户、实现产供销结合；理清市场供求信息、调整经营策略、发展优势产业；对接千变万化的市场，让农民受益更多，获得最大的利润。

3. 专业化服务——第三方农产品物流

第三方农产品物流以专业化的第三方物流企业作为物流服务的供给者。第三方物流企业是连接农产品生产与销售的关键节点，在整个供应链中发挥着枢纽和连接的作用。

简单来说,第三方农产品物流可以被理解为一种物流外包方式,如图 3-4 所示,其突出的优势是专业化运作、全方位服务,能大大降低中间环节的流通费用,实现农产品物流的标准化和规范化。然而,该种方式导致农产品企业过度依赖第三方物流企业的经验、能力和公司规模,同时受当地经济发展状况的影响较大。

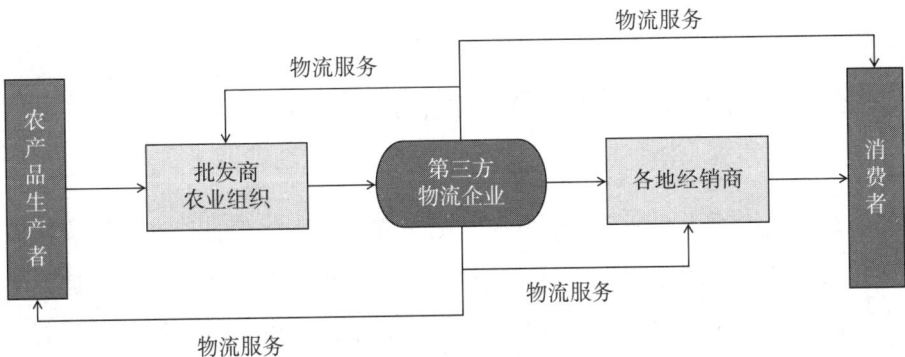

图 3-4 第三方农产品物流

4.直达式衔接——农超对接农产品物流

农超对接的"农"是指农户、农民合作社和供销社等,而"超"一般是指大型超市,农超对接的宗旨是为农产品进入超市提供平台。这种模式的特点是把农产品的中间环节去除,让农户和农产品售卖终端之间直接完成交易,实现超市中商品的直采与购销。农超对接在国外非常普遍。目前,亚太地区通过大型超市销售的农产品占比 70% 以上,美国通过大型超市销售的农产品占比在 80% 左右,而中国仅占比 15% 左右。由此可见,在我国,农超对接是未来农产品流通的重要方式,它可以更高效地让企业、超市和农户三者共同得利,前景非常可观。

农超对接的实质是整合规模较小且分散的农产品生产基地,对接标准化市场,实现农超双方互惠互利。图 3-5 为农超对接的示意图。这种模式的优势主要表现在减少供应链环节、减少流通损耗、降低采购成本，实现农民收入的增加，并对区域的发展起到促进作用。

```
┌─────────────┐        ┌─────────┐        ┌─────────┐
│ 农户、农民   │        │         │        │         │
│合作社、供销社、│──────▶│  超市   │──────▶│ 消费者  │
│农产品生产基地等│        │         │        │         │
└─────────────┘        └─────────┘        └─────────┘
```

图 3-5 农超对接的示意图

3.2.2 农产品物流的现代模式

农产品物流正面临着由互联网、电子商务等现代信息技术带来的新机遇和新挑战。农产品物流如何适应社会发展潮流，变革运作模式，是实现农产品出村进城、助力乡村振兴的关键。目前，农产品电子商务逐渐成为中国农产品贸易的主流方式，这主要归因于中国在"三农"问题上的投入越来越大，以及互联网和信息技术等基础设施在农村地区的建设力度越来越大。

农产品电子商务的思想是：借助电子信息技术，在互联网平台进行农产品交易，实现信息流、资金流、商流的准确实时传播，完成对农产品实物的配送。具体而言，农产品电子商务就是指在电子商务的环境下，依托电商网络平台进行农产品交易、谈判、付款等营销活动，以及从产地到销地的农产品流通活动。

目前，我国农产品电子商务的现状之一是需求过剩、供给不足。农产品电子商务的整体竞争力较低，人们更倾向于通过实体店购买蔬菜、肉类或海产品等生鲜农产品，其主要原因在于生鲜农产品的时效性要求较高，物流服务质量无法保证。这导致人们的消费体验较差，进而影响人们在电商平台购买农产品的欲望。针对上述问题，认清当下农产品电子商务的发展背景，围绕电商平台、探索新的农产品物流模式，是本小节的主要内容。

农产品物流的现代模式包括企业对企业（Business-to-Business，B2B）农产品电子商务物流、企业对顾客（Business-to-Consumer，B2C）农产品电子商务物流。

1.B2B 农产品电子商务物流

B2B 农产品电子商务物流的核心是电商平台。电商平台可以由农产品供应企业自建，农产品需求企业可以直接与农产品供应企业通过这个电商平台进行交易，再通过所合作的第三方物流企业将农产品快速运送至消费地，如图 3-6 所示。

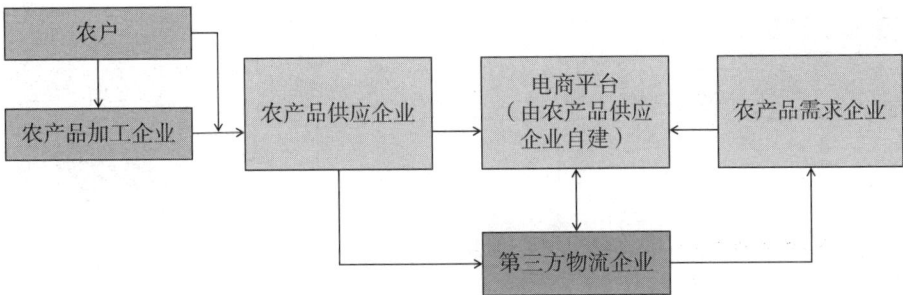

图 3-6　B2B 农产品电子商务物流

B2B 农产品电子商务物流的流程如下：（1）农产品供应企业与农户或农产品加工企业开展合作，并在电商平台发布所售卖农产品的具体信息，如品种、价格、生产日期、保质期、物流配送时间等；（2）农产品需求企业在电商平台搜索所需的农产品，进行下单，并完成在线支付；（3）农产品供应企业根据订单信息，对农产品进行包装，并将农产品物流业务交由第三方物流企业完成。整个物流的实时动态都被公布在电商平台上，真正做到了农产品物流信息的实时共享。

2.B2C 农产品电子商务物流

B2C 农产品电子商务物流可以分为两种：一是自营模式，其核心是农产品电子商务企业自建电商平台；二是第三方平台运营模式，其核心是依托网络平台（如淘宝、京东、拼多多等）吸引农产品供应企业等在其网站上销售农产品，第三方平台仅提供网站服务。农产品电子商务企业在对农产品进行配送时可以选择自营物流，也可以选择第三方物流。下面将以自营模式为例进行介绍，如图 3-7 所示。

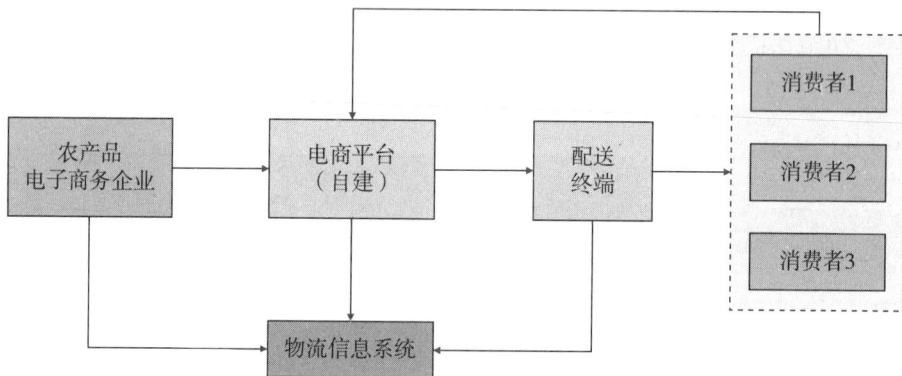

图 3-7　B2C 农产品电子商务物流（自营模式）

自营模式的流程如下：（1）消费者在线浏览电商平台，选购农产品并下单，完成在线支付；（2）农产品电子商务企业针对订单信息，对农产品进行打包，并将其运至配送终端。通常情况下，农产品电子商务企业会把配送终端设置在消费者周边，当将农产品运至配送终端后，既可以选择由配送终端配送，也可以选择由消费者自行提取。这里的配送终端既可以是大型超市、农贸市场等，也可以是农产品电子商务企业自己设立的提取点。整个交易过程与物流状态都可以在电商平台查询到。自营模式的好处在于，可以满足消费者多样化的购买需求，适合购买商品数量少、购买价格不高、配送区域集中的消费人群。

📖 【案例9】拼多多助力脱贫攻坚战，与物流企业合作打造农产品新物流

拼多多联合创始人、董事长陈磊曾说："拼多多起始于中国广袤土地上的一个个农产品。"2020年，拼多多的年活跃买家数量高速增长，高达7.88亿，成为全球用户数量最多的电商平台，超过了阿里巴巴（7.79亿用户）和亚马逊等。在短短几年的时间内，拼多多打造了全新的农产品供应链系统，提升了运输效率，开拓了营销渠道，更重要的是帮助全国农民提高了收入。很多国家级贫困县通过拼多多将农产品推向更广阔的市场，推给更多的消费人群。据统计，2019年年底，国家级贫困县在拼多多上的商户有36万户，较2018年同比增长158%。

拼多多为什么能做出如此骄人的业绩？也许多姿多彩的"农地云拼"可以解答上述疑惑。"农地云拼"在物流供应链上尽量贴近田间，减少节点，创造农产品物流新模式。这种模式充分运用大数据和人工智能等信息技术，将分散的、不确定的农产品需求进行汇总，然后将其转化为大批量的集中式需求，最后将需求信息传递到农产品产地，这从根本上解决了农业中"小散弱"的问题，帮助小农户与全国市场建立起连接。拼多多的"农地云拼"模式改变了传统的由经销商、分销商和零售商等参与的多层级模式，减少了中间环节，降低了中间差价，提高了农民收入。

拼多多的"农地云拼"模式离不开高效邮政快递物流。通过发挥各自的优势，全面推进农产品的产销对接合作，拼多多与中国邮政签署了战略合作协议，共同推进农产品进城，全力扶农助农。中国邮政在三年内打造了150个农产品基地，利用邮政企业直通源头的优势和广泛的邮政网点布局，为拼多多从源头上供应优质农产品货源提供了根本保障。

拼多多利用新的电商模式，革新了农产品物流的经营方式，大大缩短了农产品与消费者之间的距离，同时将全国分散的农产品需求整合到一起，为农户打开了新的销路。

3.3 智慧与绿色：农产品物流的发展趋势

随着我国乡村振兴战略的推进与农业现代化进程的加快，城乡物流的基础设施不断得到完善，现代化物流信息技术逐步显现，智慧物流成了物流发展的新方向。同时，在国家大力倡导绿色理念的背景下，从可持续发展的需要出发，推进农产品绿色物流的发展，对于促进环境共生型、循环型和复合型物流系统的实现具有重要意义。因此，本节将重点介绍农产品智慧物流和农产品绿色物流。

3.3.1 农产品智慧物流

我国传统的农产品物流体系在"互联网＋"的时代背景下得到了转型升级，农产品智慧物流逐步成为最新的发展方向。农产品智慧物流将实现农产品物流的降本增效，满足农产品市场日益多元化的需求，推动农业经济信息化的建设步伐。

1. 什么是农产品智慧物流

智慧物流是一种先进的物流系统，其主要通过运用现代信息技术，对物流各个环节实施精细化、实时化、可视化的管理，提高物流系统的科学判断与智能管理能力，进而实现整个物流系统的智能化、自动化及高质量运行。

目前，农产品智慧物流的概念尚没有统一的标准。结合智慧物流的定义，农产品智慧物流可以被理解为：将现代信息技术运用到农产品物流系统中，包括运输、储存、配送、流通、加工等各个环节，使农产品从田间地头开始就能被追踪溯源、精准控制，最终实现农产品物流各个环节的智能化管理。

2. 发展农产品智慧物流面临的挑战

（1）政策法规有待完善

我国农村地区受传统农业的影响较深，对智慧物流的认识还不深。随着大数据等信息技术在现代物流领域中的广泛应用，与物流行业有关的政策和法律法规已经越来越不符合现代物流产业发展的最新要求，出现了支持不到位、保障不严格、保障不及时等问题，已经成为影响我国农产品智慧物流发展的重要问题和关键因素。

（2）各个环节之间的协调性较差

随着移动信息技术在农村的应用和普及，更多的农户加入电商平台，以线上和线下相结合的营销方式开展农产品的推广。互联网与农产品的深度融合，加速了农产品的流通速度，盘活了传统农产品资源，农户也在互联网的影响下转变了经商观念。然而，我国物流配送体系的组织协调能力尚待改善，尤其是在交通设施薄弱、人口密度较低的偏远农村地区，由于基础物流设施的缺失，农户了解市场与进入市场的能力不足，无法满足消费者个性化的需求。

（3）核心技术建设有待突破

智慧物流在我国起步较晚，其必要的核心技术仍未突破。例如，智慧物流缺乏高精度与低成本的动态感知传感器，北斗卫星导航系统的普及应用程度不高，物流各个环节的自动化程度不高，智能化控制水平不高等。基于此，发展农产品智慧物流需要重点突破核心技术，提高农产品智慧物流的智能化、专业化和快捷化进程。

（4）信息化水平和覆盖率较低

根据目前我国物流行业的发展状况，大多数物流企业的能力有限，企业信息化水平参差不齐，管理体系的规范化与系统性亟待进一步完善。同时，信息化水平较低及网络平台建设的欠缺也导致信息的覆盖范围不全面及行业信息的互联不畅通，这极大地制约了物流行业的健康化发展。

（5）高端专业人才不足

我国农产品物流行业总体缺乏高端专业人才，主要原因有：第一，高校相关专业的改革步伐相对缓慢，与行业的衔接不够，人才培养计划不能满足行业发展的需要，智慧物流后备人才供给不足；第二，物流公司大多缺乏培养人才的足够资金，致使物流从业人员的专业技术能力不高。

3. 现代农产品智慧物流如何发展

（1）完善相关政策法规

运用现代信息技术畅通农产品出村进城是现代农产品智慧物流发展的关键。尤其是在农产品智慧物流发展的初级阶段，面对信息技术的快速发展和相关政策法规的滞后，国家及时出台和完善相关政策法规对大力支持农产品智慧物流的发展具有十分重要的意义。

（2）完善农产品物流体系

制约农产品物流发展的最大原因是农村地区较为滞后的设施无法适应我国现代物流发展的需要，无法做到"物尽其流"。因此，农产品智慧物流必须重视物流各个主体之间的合作与联通，根据各项物流服务的特征调整运输环节、改进业务流程，以节约运输成本，提高服务水平，打造高效、实惠、绿色、安全的现代化物流体系，实现农产品物流的降本增效。

（3）推动核心技术突破

农产品智慧物流应加强信息技术的创新应用，大力提升智能、专业和便捷服务能力，降低货损率、提高管理效率、减少费用，保障技术提升。农产品智慧物流可采取的具体措施如下：推进数据收集与分析研究，提升农产品智慧物流工作水平；运用自动化立体仓库、自动导引运输车、射频识别、地理信息系统、全球定位系统、无人机等新技术，突破新技术应用瓶颈，提升自身及时、便捷和动态的感知能力；结合遥感、人工智能、大数据和云计算等新技术，实现对农产品质量、环境及位置等多源信息的综合感知和调控。

（4）精细化与专业化运营

信息技术能够全面细致地进行数据统计分析，能够对物流运营开展精细化和专业化的管理，也能够对物流资源进行优化配置，进而帮助农产品智慧物流实现各个环节的精细管理，及时发现各个环节存在的缺陷和隐患。农产品智慧物流通过信息技术可以针对具体问题采取专业的改善措施，同时精准追责，把主体责任落实到农产品质量安全中，做到管理决策的最优化和专业化。

3.3.2　农产品绿色物流

提升农产品经济效益、助力乡村振兴、促进绿色健康消费，是我国发展绿色经济的时代要求。那么，究竟什么是农产品绿色物流？其存在哪些问题？我们又该如何破解呢？

1.什么是农产品绿色物流

农产品绿色物流是指在农产品满足消费者需求的同时，通过科学合理地管理和运作农产品物流的各个环节，保证农产品在物流环节不变质、不被污染，减少农产品对环境的危害，进而实现农产品的增值，实现成本最低和效率最高的目标。

2.农产品绿色物流的现实问题

（1）法律法规不健全

我国目前并未针对绿色物流出台相应的法律法规，这就造成了绿色物流的发展出现了"立法滞后"和"立法空白"的问题。这些问题主要表现在以下方面：一是缺乏农产品供应商的市场准入规范，如生产技术规范和物流设施标准，这导致农产品的质量安全得不到根本保障，进而影响农产品的市场销售；二是现阶段农产品绿色物流还处于宣传引导阶段，缺乏具体的落实对策的保障措施，如政策引导、鼓励和监督等，这导致民众的意识不强，参与度不高。

（2）基础设施不健全、物流技术不成熟

现阶段，我国农产品绿色物流的基础设施不健全、物流技术不成熟。这主要体现在三个方面：首先，农产品物流的包装技术落后，如农产品包装材料低质或农产品缺少包装，在运输过程中容易发生破损与污染；其次，我国农产品冷链物流的发展尚不健全，存在的问题包括运输环节的冷藏运输设施落后，装卸过程中不能达到低温环境等；最后，农产品物流的加工技术不成熟，目前仍处于半机械化阶段，农产品绿色物流对高新技术的应用不够。

（3）物流网络布局不合理

将农产品从生产者运送到消费者的过程通常包括多个物流节点。一旦农产品物流网络的布局出现不合理的情况，就会给物流环节增添许多冗余的运输活动，如路程增加、空车往返等，进而导致农产品的运输成本和损耗增加。在绿色供应链系统中，大规模批发市场是比较关键的物流节点之一。然而，当前我国主要的农产品大规模批发市场普遍规模较小、设施不足，且缺乏有秩序的质量监督和环境监测，运营管理能力低下，难以满足顾客的需求。同时，农产品以原材料的形式进入批发市场，没有附加价值，长期存在供应过剩的问题，这都造成农产品价格下降，出现腐烂变质现象，甚至造成环境污染。

3. 农产品绿色物流的发展之路

（1）建立农产品绿色物流体系

我国的绿色物流还处在需要加强体系建设和系统构建的初级发展阶段。建立农产品绿色物流体系离不开法律法规的监管与政策措施的保障。首先，国家应调整和完善与农产品绿色物流有关的政策和法规，充分发挥政府监管、协调的作用，将农产品绿色物流引入合法化和规范化的轨道。同时，国家应制定和健全农产品绿色物流快速发展的优惠政策，如绿色物流补偿机制、税收优惠政策等，以吸纳更多的企业参与到农产品绿色物流的建设与发展中。

（2）广泛应用绿色物流技术

要发展农产品绿色物流，技术创新是关键。第一，国家应加强物联网、区块链等信息技术的应用，提升农产品物流各个环节的数字化水平，从而大幅度优化物流的运作效率，节约人力成本。第二，国家应加强农产品绿色物流的基础设施规划与建设，对现有物流设施设备进行升级改造，进一步提升设施设备的使用率。第三，国家应加强农村路网建设，提升农村道路的等级与里程，强化农产品仓库、农产品加工和流通中心的开发与建设，从而使物流各个环节能够实现有机衔接和配合。

（3）大力推行绿色供应链管理

农产品绿色物流作为绿色供应链中的重要一环，目的是将绿色发展理念贯穿到运输、储存、流通加工、包装和信息处理等全过程。企业应把绿色供应链管理作为经营理念，通过实行集约高效、无污染的发展模式，进一步深化企业绿色供应链文化。此外，企业要增强员工对绿色供应链的认识，强化员工的绿色环保意识。绿色供应链管理为企业树立良好的信誉和绿色品牌形象提供了思路，为减少环境污染、充分利用资源、提升企业的社会责任感奠定了基础。

📖 【案例 10】机器人送货，果蔬搭"缆车"——智慧物流助力农产品"出山"

在江西省赣南市安远县鹤子镇，我们会看到一辆辆"缆车"在空中的索道上来回穿梭。这个"缆车"叫作"穿梭机器人"，是当地进行农产品运输的重要设施。这个穿梭机器人能够装载100千克以内的农产品，运行速度是60公里/小时，在安远县鹤子镇能够实现"随时发送、1小时到达"。安远县为什么要用"缆车"发货呢？

据了解，当地农民面临的一大难题是如何让当地的特色农产品"走"出大山。农民郭爱金说："过去大家只能到乡镇上的快递站点邮寄蜂蜜，路途遥远，非常耽误时间；现在有了穿梭机器人，大家在家门口就能发快递，非常便捷。"

近年来，安远县建立了农村智慧物流服务网络体系，实现了城乡配送一体化。该网络体系包括县城的物流总仓、乡镇的物流基站、村庄的收发站点，并通过云端系统控制穿梭机器人进行自动驾驶，实现物流总仓、物流基站、收发站点的全连接。智运快线鹤子镇电商运营中心的负责人古清湖表示，穿梭机器人可以实现24小时全时段配送。

安远县的农村智慧物流服务网络体系不仅解决了农产品"出山"的问题，还为年轻人返乡创业与发展提供了机会。蔡永钦是安远县油蔡村的村民，以前在深圳打工。随着农产品物流的发展，蔡永钦回乡进入电商行业，利用互联网帮助周边农民销售农产品，如蜂蜜、甘薯等。蔡永钦说："现在农村的物流条件变好了，农民的收入也在增长，大家干起事业来底气更足了。以前我们村往邻省寄一箱橘子要花费3～5天，现在只需24小时，快递费用也减少了很多。"据统计，2020年，安远县的电子商务销售额超过25亿元，快递量突破1600万单。智慧物流为当地农民增收致富提供了根本保证。

第 4 章

农产品冷链物流

　　近年来，随着人们生活水平的提高，我国生鲜农产品的产量和消费量不断增加；在这样的发展趋势下，如何保障生鲜农产品的品质和安全至关重要。农产品冷链物流一方面为人们提供了新鲜的农产品，另一方面能够在运输过程中降低损耗、减少浪费。因此，大力发展农产品冷链物流是助力广大农民增收和保障消费者权益的重要举措。作为农产品冷链物流的源头，农村地区的冷链物流发展水平对于整个链条上的农产品保鲜具有重要的作用。本章论述了农产品冷链物流的重要意义和发展前景，并在此基础上从农产品冷链"最初一公里"的各个环节和产地端冷链设施设备建设等方面讲解农产品冷链物流的相关内容。

4.1　关系国计民生的农产品冷链物流

　　农业是民生之本，农产品冷链物流与人民的生活息息相关。对老百姓而言，生鲜农产品的质量和安全至关重要。另外，农产品冷链物流在提升物流效率、促进农业转型升级等方面也具有举足轻重的作用。为此，在保障民生、促进农民持续增收、更好地助力经济循环等方面，大力发展农产品冷链物流具有十分重要的意义。近年来，国家和各地政府相继颁布了一系列政策来扶持农产品冷链物流的发展，我国冷链物流产业的市场潜力和基础设施规模正在快速增长。

4.1.1 农产品冷链物流，民生的"后勤保障系统"

1. 农产品冷链物流使食品种类更丰富

在国民生活水平日益提高的今天，老百姓的一日三餐已经离不开新鲜的果蔬、牛奶和肉类等生鲜食品，农产品冷链物流在其中发挥着重要作用。自 2013 年起，天猫、京东、顺丰、苏宁易购等大型互联网企业和物流企业纷纷投入重金，试图开拓农产品冷链物流市场，农产品冷链物流产业随着这些巨头的加入逐渐风生水起。农产品冷链物流的发展为广大消费者带来了便利，在线订购能够让全国各地的新鲜食材直达居民家中。随着农产品冷链物流网络的不断完善和冷链技术的不断革新，我国的农产品和加工食品实现了跨地区、反季节销售，消费者能够挑选的食品类型日益丰富起来。

2. 农产品冷链物流让生鲜食品更安全

"民以食为天，食以安为先"。人们在挑选品类丰富的生鲜农产品的同时，对农产品的品质和安全也愈加重视。生鲜农产品一般附有微生物，不当的储存和运输方式很容易导致其变质，这是出现食品安全问题的根源。农产品冷链物流能够在生鲜农产品的生产制造、仓储加工、配送零售等各个环节控制环境温度，降低微生物的繁殖速度，从而为生鲜农产品及其加工品的安全提供可靠保障。

3. 农产品冷链物流改变人们的生活方式

随着生鲜超市、生鲜电商等新型商业模式的发展，农产品冷链物流正不断渗透到人们的日常生活中。人们越来越希望在生鲜电商平台上买到新鲜的食品，而农产品冷链物流的加工、保鲜、冷冻和运输等一系列的技术保障是实现这一愿望的基本条件。目前，我国的农产品冷链物流正处于快速发展阶段，逐渐完善的生鲜农产品供应体系必然会改变人们日常的饮食习惯和生活方式，使人们形成一种全新的消费习惯，人们会将越来越多的"冰冻食品"摆上餐桌。可以说，农产品冷链物流对老百姓生活方式的影响是十分巨大的。

4.1.2　农产品冷链物流，更好地助力经济循环

1.农产品冷链物流促进农民增收

农产品本身的特性使得其对从田间到餐桌需要的时间和运输环境都有很高的要求。在我国农产品冷链物流的发展水平较低的时期，许多农产品通过单一途径进行运输，农产品的质量、外观等均受到不同程度的损耗，从而降低了农产品的价值，让农民遭受了许多不必要的损失。农产品冷链物流采取温度控制和保鲜等加工工艺，将生鲜农产品放入冷库、冷藏车、冷冻柜等完备的冷链基础设施中进行运输和储存，让生鲜农产品在从原产地到销售地的整个过程都处于低温环境，从而极大地降低了生鲜农产品在物流过程中的损耗。农产品冷链物流使生鲜农产品逐步从"运得出"走向"卖得好"，为农民们撑起了"腰包"。

2.农产品冷链物流助力乡村振兴

生鲜农产品的高效流通能够让农民、产业和市场紧密衔接，不仅可以增加农产品的特色优质供给，助力消费者打造品质生活，还能够通过产业发展带动农业发展，最终助力乡村振兴。而这一切的实现，与农产品冷链物流密不可分。完善的农产品冷链物流能够带动农业的发展，利用当地农

产品的资源优势，打造富有浓郁特色且质量一流的农产品品牌。此外，在建立冷库等基本设施设备的同时，农产品冷链物流还将逐步完善果蔬的产后处理、源头保鲜、产品储存、市场贸易、物流配送等方面的业务，从而带动农民就业。

3. 农产品冷链物流提升我国农业的国际竞争力

在全球一体化的背景下，农业已逐渐成为各国彰显综合实力的重要产业之一。随着国际贸易的日益繁荣，国内市场不断涌入大量物美价廉的海外农产品，这使我国农产品市场的竞争日趋白热化。而我国的农产品冷链物流的发展水平与发达国家仍然存在一定的差距，人均冷库容量、人均冷藏车数量等指标尚有较大的提升空间，在高昂的物流成本及较高的损耗的共同作用下，生鲜农产品的价格长期居高不下，难以与国外的一些同类产品的价格相抗衡。农产品冷链物流的高质量发展，可以在满足国内市场需求的同时，减少国际市场对我国农业的影响，增强我国农业的竞争力。

4.1.3 农产品冷链物流，广阔的发展前景

1. 国家高度支持农产品冷链物流的建设和发展

农产品冷链物流产业近年来一直备受我国政府的重视。据不完全统计，从 2018 年到 2022 年，中央及各部委出台了百余项与农产品冷链物流发展相关的政策和规划，部分政策如图 4-1 所示。2021 年 11 月，国务院办公厅出台了《"十四五"冷链物流发展规划》(国办发〔2021〕46 号)。该规划是中国农产品冷链物流领域的首个五年规划，第一次从形成新发展布局的战略层面出发，对我国现代农产品冷链物流体系的发展建设进行了全面系统

2018年1月2日

《中共中央 国务院关于实施乡村振兴战略的意见》

- 加强农产品产后分级、包装、营销，建设现代化农产品冷链仓储物流体系，加快推进农村流通现代化。

2019年2月26日

《关于推动物流高质量发展促进形成强大国内市场的意见》

- 鼓励企业利用产地现有常温仓储设施改造或就近新建产后预冷、贮藏保鲜、分级包装等冷链物流基础设施。

2020年8月22日

《关于印发〈推动物流业制造业深度融合创新发展实施方案〉的通知》

- 加快农产品产地"最初一公里"预冷、保鲜等商品化处理。

2022年4月7日

《关于加快推进冷链物流运输高质量发展的实施意见》

- 着力完善冷链物流运输基础设施，提升技术装备水平，创新运输服务模式，健全农产品冷链运输监管体系。

2018年6月15日

《中共中央 国务院关于打赢脱贫攻坚战三年行动的指导意见》

- 统筹农产品产地、集散地、销地批发市场建设，加强农产品产地冷链物流和冷链物流基地建设。

2019年5月5日

《关于推动农商互联完善农产品供应链的通知》

- 发展农产品冷链物流，各地中央财政资金支持农产品后商品化处理设施和冷链物流的比例不得低于70%。

2021年8月20日

《国务院办公厅关于加快农村寄递物流体系建设的意见》

- 支持邮政快递企业依托寄递物流建设冷链仓储设施，增加冷链运输车辆，提升末端冷链配送能力。

2022年5月10日

《关于支持加快农产品供应链体系建设 进一步促进冷链物流发展的通知》

- 按照"强节点、建体系、优网络"工作思路，进一步聚焦补齐冷链设施短板，提高冷链物流质量效率，建立健全流通体系。

2019年1月3日

《中共中央 国务院关于坚持农业农村优先发展做好"三农"领域重点工作的若干意见》

- 统筹农产品产地、集散地、销地批发市场网络布局，安排中央预算内投资，支持建设一批骨干冷链物流基地。

2020年1月2日

《中共中央 国务院关于抓好"三农"领域重点工作确保如期实现全面小康的意见》

- 加强农产品冷链物流统筹规划、分级布局和标准制定，安排中央预算内投资，支持建设一批骨干冷链物流基地。

2021年11月26日

《国务院办公厅关于印发"十四五"冷链物流发展规划的通知》

- 到2025年，初步形成衔接产地销地、覆盖城市乡村，联通国内国际的冷链物流网络，调节农产品跨季节供需、支撑农产品跨区域流通的能力和效率显著提高。

2022年6月2日

《关于推进现代冷链物流体系建设工作的通知》

- 国务院关于冷链物流发展决策部署的重要举措，有利于减少农产品产后损失和食品流通浪费。

图 4-1　2018—2022 年我国农产品冷链物流领域的相关政策

的部署。该规划提出，至 2025 年，国家将初步建立衔接产地销地、涵盖都市乡村、联通国内外的现代农产品冷链物流网络，调控农产品跨季节供求，保障冷链产品跨地域流动的能力与效率明显提升，确保农产品对国民经济与社会发展的基础保障功能明显提升。在发展农村冷链物流方面，2021 年 8 月，国务院办公厅出台《国务院办公厅关于加快农村寄递物流体系建设的意见》（国办发〔2021〕29 号），明确提出支持邮政快递公司依托快递物流园区建立冷链物流仓储基础设施，增加冷链运输车辆，增强末端冷链物流配送能力，逐步形成覆盖生产流通全环节的冷链寄递物流体系。

2. 我国农产品冷链物流产业的市场潜力巨大

农产品冷链物流作为新兴行业，近几年可谓风生水起。随着我国城镇居民收入和生活水平的逐渐提升，人们对食品的多样化、营养性及口感的要求也逐渐提高；另外，盒马鲜生等生鲜电商也异军突起。这些因素共同作用，促使农产品冷链物流产业快速发展。图 4-2 为我国农产品冷链物流行业 2016—2021 年的市场规模变化情况。由图中的数据可以看出，我国农产

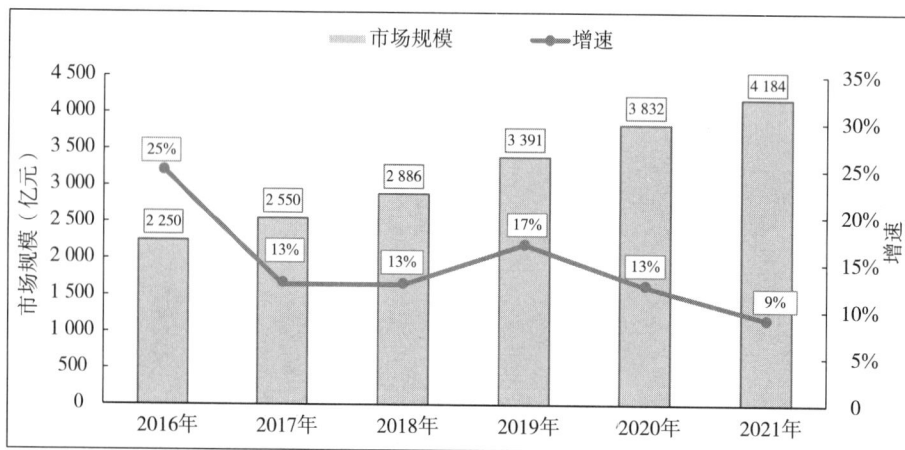

（数据来源：中国物流与采购联合会冷链物流专业委员会）

图 4-2　2016—2021 年我国农产品冷链物流行业的市场规模变化情况

品冷链物流行业的市场规模从 2016 年的 2 250 亿元增长至 2021 年的 4 184
亿元，6 年的涨幅约为 85.96%，每年的增长率保持在 9% ～ 25%，而且仍
保持增长态势。由此可见，随着人们生活品质的日益提高、科技的不断进
步和越来越精细化的企业管理，我国农产品冷链物流产业将迎来蓬勃发展
的新阶段。

3. 我国农产品冷链物流的基础设施规模不断提升

2016—2021 年我国的冷库容量和容量增速如图 4-3 所示。由图中数据
可以看出，从 2020 年到 2021 年，我国冷库的新增容量达到 833 万吨，容
量增速为 12.5%；冷库的总容量已突破 7 000 万吨，达到 7 498 万吨。从中
长期角度看，我国冷库的建设和更新步伐不断加快，冷库规模正在稳步扩
大，农产品冷链物流的市场格局正在加速完善。

（数据来源：中国物流与采购联合会冷链物流专业委员会）

图 4-3 　2016—2021 年我国冷库的容量和容量增速

农产品冷链物流的运输环节主要依靠冷藏车来保障生鲜农产品处于低
温环境。图 4-4 给出了 2016 年至 2021 年我国冷藏车的保有量与净增量走

势。由图中数据可以看出，我国冷藏车的保有量在 2016 年为 115 000 辆，在 2021 年已达到 340 000 辆，在五年期间大约增长了 196%，净增量逐年扩大，这为冷链物流的进一步发展壮大提供了坚实的保障。

（数据来源：中国物流与采购联合会冷链物流专业委员会）

图 4-4　2016—2021 年我国冷藏车的保有量和净增量走势

由以上数据可以看出，近年来，我国的冷链基础设施和配套的设施设备的规模正在急剧上升。但我国的人口基数较大，与人们日益增长的生鲜农产品需求相比，冷库和冷藏车等资源的保有量仍有较大的提升空间。随着国家利好政策的扶持与市场需求的不断扩大，未来几年我国的农产品冷链物流会迎来新的发展格局。

📖 【案例 11】广西"冷链＋"，赋能乡村振兴

桂林福达农产品冷链物流园区位于广西壮族自治区的桂林市，是广西壮族自治区 2020 年统筹发展的重大项目，也是桂林市 2021 年的重点建设项目，项目规划占地超过 570 亩，规划总建筑面积为 56 万平方米，计划总

投资 20 亿元。项目将园区划分为四大批发交易区，分别为粮油干调、果品、生鲜蔬菜及水产冻品。除了海关总署监管保税区、中央厨房食品加工区、冷冻食品加工区等配套运营，园区还包括检验检疫服务中心、大数据中心、电商中心等业态功能区。

桂林福达农产品冷链物流园区被构建完成后，将成为"一站式采购"的现代化农产品批发市场，也将成为桂林市最大的农产品综合交易中心。园区预计可形成每年 10 万吨生鲜、冷冻食品的加工储运能力，可容纳超过 1 500 家商户和公司入驻，实现年农产品流通量 300 万吨、年交易额 100 亿元的市场规模，带动 8 000 ～ 10 000 人就业。

桂林福达农产品冷链物流园区设立了检验检疫服务中心，严把农产品质量关。同时，为了更好地保障农产品生产、加工、冷藏和配送等环节的安全，为广大人民群众的餐桌提供放心、新鲜和美味的食品，园区还搭建了广西区域性冷链物流公共信息服务和质量安全溯源平台。

桂林福达农产品冷链物流园区被两江国际机场、4 座高铁站及 6 个高速路口环绕，与叠彩区、临桂区、秀峰区和象山区等桂林主城区只有十多分钟的车程。当园区被建成且开始运行后，桂林市将形成农批市场标准化、溯源化和智能化的新格局。园区特殊的交通区位，使其成为桂粤湘黔四省区物流网络中的重要节点和广阔平台，园区能够辐射的区域范围更广，园区的集聚效应更强，服务功能更优质，运营效率更高，肩负起桂林市农批市场桥头堡的重任。

为了提高桂林市当地蔬菜、果品等生鲜农产品的流通效率，实现从田头到农产品冷链物流园区的直达物流，临桂区、灵川县、全州县乡村振兴局及所属的农民合作社与桂林福达农产品冷链物流园区达成合作协议。同时，桂林福达农产品冷链物流园区通过创品牌、立标准等方法，带动农户共同致富，使农户更多地享受到农产品冷链物流产业带来的增值收益。立足于广西壮族自治区的特色农产品产地，福达控股集团有限公司计划花费 3 ～ 5 年的时间在广西壮族自治区布局建立 6 ～ 8 个市级现代冷链物流产业园区，以及 10 ～ 20 个镇级、县级和市级集农产品加工、冷藏和交易等功能于一体的基地或冷链物流园区，形成"镇—县—市"三级冷链物流体系，进而发展成为广西壮族自治区农产品冷链物流的龙头企业，全力助推当地特色农产品全产业链发展，助力广西壮族自治区的乡村振兴工作。

4.2 农产品冷链"最初一公里"

我国幅员辽阔，在过去，人们很难将许多生鲜农产品从偏远地区运至发达地区；而现在，随着国家交通基础设施的不断完善和农产品冷链物流的发展，位于偏远地区的高品质农产品有了更多"走出去"的机会，农产品冷链"最初一公里"的影响也在此过程中进一步扩大。

4.2.1 什么是农产品冷链"最初一公里"

农产品冷链"最初一公里"是指农产品从原产地被采摘收集后到出村进城前，为了保证农产品的品质并适当延长保质期而开展的"预冷、分级、加工、包装、仓储"等一系列活动，其具体的运作流程如图 4-5 所示。此外，农业标准化须贯穿从预冷到仓储的全部流程，这是保证农产品质量的关键，也是农产品冷链"最初一公里"的重要一环。

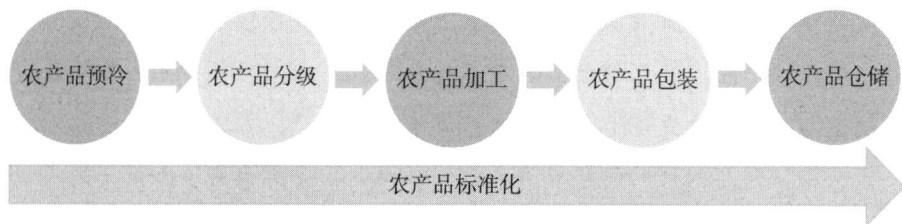

图 4-5 农产品冷链"最初一公里"的运作流程

1. 预冷，保住田间地头的"新鲜"

农产品的预冷是一种能够快速冷却农产品，使其达到最佳储存温度的技术措施。不同种类的农产品拥有不同的特质，因此，农产品冷链"最初一公里"的整个运作流程必须考虑各类农产品的特质，根据一定的预冷技术和标准有针对性地确定预冷方案，包括农产品预冷的方法、完成时限、能耗等，确保农产品自采摘之后能够快速达到保鲜的最佳状态。

2. 分级，实现农产品"优质优价"

农产品分级是指根据大小、色泽、口感、鲜嫩程度、湿度等品质方面的指标，或按照类别（如产品品牌、产品系列）等差异对农产品进行合理的分类，并结合分类对农产品进行储存、包装、分箱和分车等操作，之后按照"优质优价"的标准销售农产品的一系列活动。

3. 加工，增加农产品的"含金量"

农产品加工是指利用物理、化学和生物学等方法，将农业的主、副产品制成各种食品或其他用品的一种生产活动。农产品的主要特点是新鲜易腐且存活时间短、增值能力差。农产品加工一方面能够使不规则或不易存储的农产品更易于流通，另一方面可以提升农产品的品质，并增加其附加价值，从而在为消费者提供精美农产品的同时提升农民的收益。

4. 包装，提升农产品的"形象"

在人们追求高品质生活的今天，包装在农产品流通过程中的作用日益重要。在农产品冷链"最初一公里"中，包装是指通过一些特定的载体或材料将即将进入流通领域的农产品或农业加工品加以固定，并在此基础上加以修饰，从而起到一定的保护和美化作用。包装的形式和手段正在随着社会的发展而变得日益精细化和环保化。在现代市场营销的要求下，农产品冷链物流从业员不仅要考虑目标客户的需求，还要考虑农产品的包装原则和要求，在保护农产品的同时，减少包装材料的损耗，提升运输空间，提高仓容利用率。另外，包装具有美化产品、吸引消费者和引导消费者购买的作用，在一定程度上也能够有效提升农产品的销量。

在农产品冷链物流中，包装不仅要保护农产品在流通过程中的完整性，确保其没有损失，还要使农产品便于管理，提高其运输和销售的效率。在包装的设计环节，农产品冷链物流需要结合可持续发展的理念，考虑包装的可持续利用性、包装材料和冷藏设施的兼容性。此外，标准化的冷藏和运输工艺对于提高质量、精确温控、增加冷藏车容量、减少运输消耗、实现农产品的品牌化及高附加值商品化发展具有重要意义。

5. 仓储，守住出村进城前的"安全"

对生鲜农产品进行仓储管理既保证了其品质安全，又保证了其稳定的供应。生鲜农产品"最初一公里"仓储是指在出村进城前，由原产地的冷库对其进行贮存和保管的过程。生鲜农产品不同于其他农产品，其主要特点是易腐、易损、产地集中和时效性强，因此，保鲜和储存是生鲜农产品流通的关键。

6. 标准化，推动物流过程"提质增效"

农产品标准化遵循"统一、简化、协调、优选"等原则，主要是指根据农产品的特质和种类制定的，在预冷、分级、加工、包装、仓储等各个环节的执行标准。标准化在农产品冷链物流"最初一公里"的各个环节都非常重要，能够确保各项运作流程有据可依。

4.2.2　多方布局农产品冷链"最初一公里",助力农产品上行

1.零售商超的产地直采

作为我国农产品的主要流通通道,近十余年来,零售商超一直致力于农产品的冷链物流建设。商务部于 2008 年与农业农村部开展"农超对接",建立涉及农产品从生产到营销全过程的冷链系统,从而实现对农产品从田间到市场的全程监控,以降低农业流通中的各类费用。例如,永辉超市、家家悦超市等都是这方面的典型代表。作为首批试点,家家悦超市搭建了从生产基地到超市的产销全程冷链系统和农产品溯源系统,保障农产品在物流全过程中实现环境温度可控和可追溯,并形成了一套标准化的配送体系,确保生鲜农产品的品质可靠及到店新鲜。

2.电商企业的产地快速通道

(1)京东"协同仓"模式

京东于 2016 年 1 月成立了生鲜事业部。为了大幅缩减物流的中间环节,京东在产地端搭建了农产品产地协同仓,进一步提升了"最初一公里"的运转效率,逐步实现了 48 小时内送达和产地直发等目标。图 4-6 为京东的"协同仓"运作模式,该模式将供应商仓库与京东仓库进行了有效整合,将两者的仓储功能合二为一,并融入京东的分拣配送体系中,通过轻资产运营、零库存、低配送成本及低耗资源等优势,将京东的库存资源直接建立在优质大型合作商家的仓库中,进而实现了商品的直发和全国的异地配送。

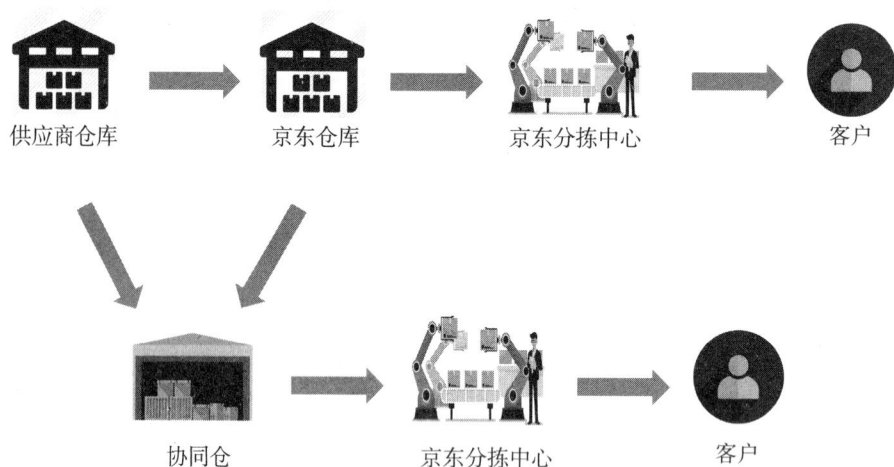

图 4-6 京东的"协同仓"运作模式

（2）拼多多"拼农货"模式

拼多多近年来在农产品冷链领域积极开拓市场，打造了国内数一数二的农产品上行平台，通过整合"农资智能处理系统"和"山村直通社区"项目，打造了独特的"拼农货"模式，为我国的农产品零售打通了一条便捷的渠道，直接为 5.36 亿个消费者提供服务。通过这个渠道，新疆维吾尔自治区吐鲁番市的甜瓜能够在 48 小时内从产地直达销售端，而且其价格低于批发市场的价格。拼多多基于"农业智能化处理系统 + 轻仓"，提出从田地到餐桌的"超短链"物流发展创新模式，结合海量的需求信息收集优势，广泛开展与物流生态伙伴的合作，开发了专门用于农产品上行的电子面单来帮助快速识别农产品包裹，并为农产品上行开通了物流直达干线，实现了产业链的深度融合，提升了整体收益。

3. 物流企业的多模式助农

近年来，各家物流企业不断推出多种模式，助力农产品上行。阿里巴巴于 2014 年启动了名为"千县万村"的助农工程，计划构建以"村淘 + 菜鸟"为核心的农村物流体系。从 2019 年开始，菜鸟网络乡村事业部（以下简称"菜鸟乡村")推出了一项名为"农村快递物流智慧共配"的项目(以下简称"共配项目"),如图 4-7 所示。该项目主要为县域快递企业提供新型技术、管理方法和商业应对方案,设立了"快递共配 + 农货上行"的发展目标,以期实现农村快递共配降本增效,并进一步探索网点商业化及农货上行的渠道。菜鸟乡村于 2019 年年底在四川省首次启动共配项目,其中首批试点的县将鼓励县域快递企业与资本合作,通过整合国家政策、企业资源和先进技术等方式,在全县范围内提高物流快递的配送效率。与此同时,"物流 + 特色农业"的整合思路也渗透到合作中,创新了电商直播、基地直采等协同模式,极大地加快了生鲜农产品进城的进程。

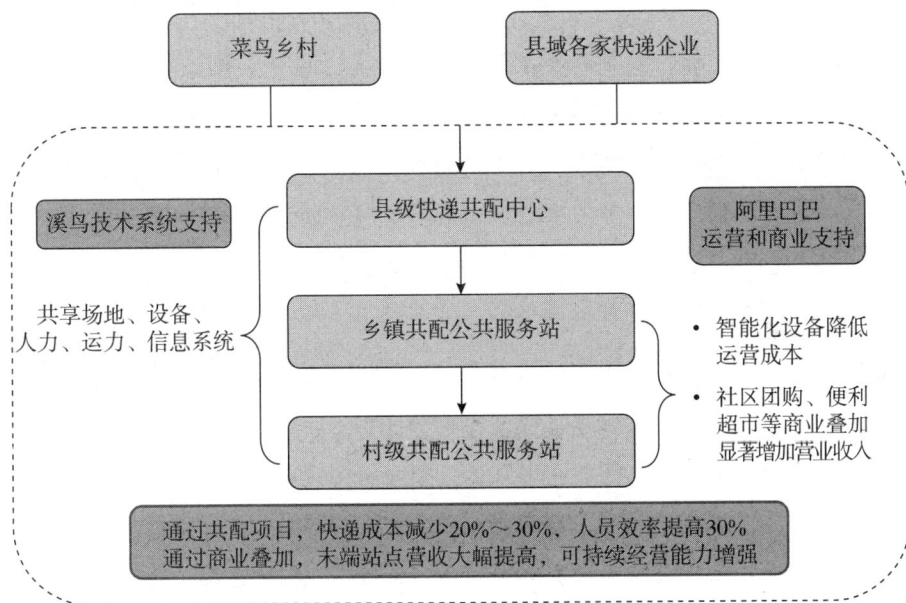

图 4-7　菜鸟乡村的共配项目

与阿里巴巴相比,顺丰更关注农产品冷链"最初一公里"的建设,其将预加工和场景化包装与智慧保鲜技术相结合,形成了顺丰特有的产地端冷链物流发展模式,并于 2020 年公布了《顺丰速运鲜果配送解决方案》和《2020 生鲜包装解决方案》两个有效推动"最初一公里"建设的指导文件。2017 年 10 月,顺丰在苏州市阳澄湖成立了首个原材料预处理中心,由其旗下的顺启和（深圳）科技有限公司负责主要业务。截至 2019 年年底，顺丰在全球 12 个国家设立了 16 个农产品预处理中心，产品品类涉及水果、海鲜和绿植等。

📖 【案例 12】新时代的白菜花冷链加工，助力农产品转型升级和农民增收

在温岭市红日供销有限公司的生产车间，白菜花正在一条冷链深加工自动化生产线上流转。公司负责人江福初表示："这些白菜花都是农民们卖不出去的，如果不及时收割，农民们就会赔钱；如果遇到蔬菜产量大年，其价格不仅便宜，而且销路会出现短缺，很多农产品会因为供过于求而腐烂。"因此，江福初在 2018 年引进国内领先的、年产 15 000 吨的果蔬冷链深加工自动化生产线，解决了农产品不易贮存的问题，扭转了以往靠天吃饭的传统模式，实现了每亩白菜花增收五六百元的目标。

王正元是温岭市红日供销有限公司所在地的一位农民，他刚刚为超过80 亩田地进行了追肥和除草。他笑言："在 8 月的时候，我们已经收完了水稻；在 9 月的时候，我们就可以种上白菜花了。跟着老江干很省心，老江已经把所有的种子和肥料都安排好了，把销路也都打通了。"温岭市红日供销有限公司自 2018 年成立以来，一直秉承"品质为王"的理念，将公司基地、合作社、家庭农场和农户等的多种资源优势整合起来，实现了家庭农场规模的扩大，累计经营面积超过 11 000 亩，带动了周边超过 600 个农户的就业致富。杨夏英住在胜利村，每天早晨 6 点 30 分准时来到合作社上班，她主要负责白菜花的切块工作。"我七十多岁了，出去工作不太现实，在这里一天能挣一百多元。"杨夏英说。很多在供销合作社工作的员工都和杨夏英的情况类似，他们纷纷表示对目前的工作非常满意。

经过几年的不断发展，温岭市红日供销有限公司目前已成为浙江省农

业科学院的长期科研基地，其创建了白菜花标准化种植和推广示范中心，被评为全省第一批"品字标浙江农产"品牌，荣登粤港澳大湾区第九批"菜篮子"名录。温岭市红日供销有限公司还积极参与了温岭市与四川省茂县的对口帮扶工作，在四川省茂县设立了分公司，并设立了莴笋、花椒、芸豆、金瓜等生产基地，带动茂县的 452 位农民实现创业增收，为 135 个农户提供了就业岗位，实现了人均年增收 1 万多元的目标。

4.3　产地端冷链设施设备建设

《农业农村部办公厅　财政部办公厅关于做好 2022 年农产品产地冷藏保鲜设施建设工作的通知》于 2022 年 6 月由农业农村部办公厅和财政部办公厅联合下发。该通知提出，要整体构建功能衔接、上下贯通、集约高效的产地冷链物流体系，加强产地冷藏保鲜设施与冷链集配中心、骨干冷链物流基地的有效衔接。基于此，加强产地端冷链设施设备的建设已成为当下发展农产品冷链物流的重要方向。下面分别从目前较为领先的农产品冷链设施设备及其建设运营两个方面进行阐述。

4.3.1　"可移动"的农产品冷链设施设备

1. 组装式小型冷库

组装式小型冷库是由顶板、墙板、角板、底板、底架、加强梁、库门等组合而成的一种轻量型冷库，如图 4-8 所示。组装式小型冷库现已在以生产豌豆苗、蚕豆苗等精品高附加值蔬菜为主的甘肃省兰州市郊县等高原夏菜重点产区及其他乡村开展示范应用。

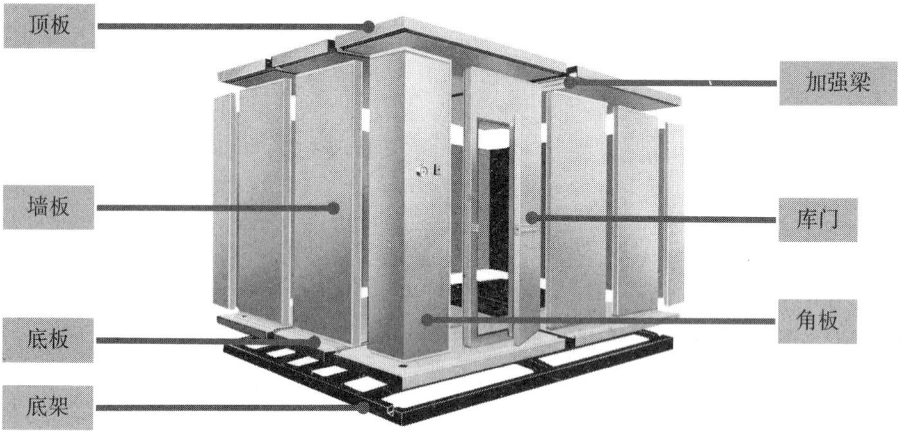

图 4-8　组装式小型冷库的示意图

在原产地设置组装式小型冷库具有选址灵活、占地面积小、可迅速冷却等特点，是有着分散分布特点的蔬菜产地预冷的理想选择。通过使用组装式小型冷库，农户能够对所采摘的蔬菜等生鲜农产品及时预冷，并从产地端开始利用现有的人力资源开展分级和包装等初加工工作，将过去那种只能在规模较大的冷库中进行生鲜农产品的流通加工前置到产地端，实现生鲜农产品流通加工的分散化和前置化，有效避免了多次装卸、包装和周转等活动造成的机械损伤。

根据往年的产量，我们可以测算出，容量在 40 吨左右的组装式小型冷库基本可以满足 30 ～ 50 个农户的蔬菜预冷和短期周转需求，户均投入 2 000 元左右。组装式小型冷库可被持续使用 10 年以上，极大地减轻了农户的投资负担。组装式小型冷库的出现，让原本成本高昂的冷库变成了一种低成本的冷链基础设施，能够让更多的农产品进入冷链物流环节并降低物流成本。

2. 共享式移动预冷设备

共享式移动预冷设备的可移动性较强，能够适应不同季节、不同地区和不同种类的生鲜农产品的仓储需求。与传统冷库相比，共享式移动预冷设备具有显著的优越性。首先，传统冷库的投入巨大，而且大多数冷库都建在野外，只能在果蔬生产的旺季使用，剩下的时间都处于空置状态。而共享式移动预冷设备通过规模经营提高了设备的使用周转率，并在此基础上通过对不同季节作物的收获量进行排序和组合，减少了原产地预冷的费用。

例如，松下公司针对中国果蔬种植的特点，结合不同时期、不同果蔬和不同地域的需要，特别研制了移动方便、适用性强的移动预冷设备，成功地解决了传统冷库建设运行的弊端。贵州省毕节市纳雍县结合松下的原产地预冷技术，利用自身的销售渠道，使玛瑙红樱桃的保质期提升了两倍，已将销售地区扩展至北京地区，并能确保在运输和流通方面的损失几乎为零。

3. 模块化组合式冷箱

相比传统冷库需要 60 天的建设时间，模块化组合式冷箱只需要 3 ~ 7 天便能搭建完工并投入使用，且其拆卸组装比较方便，西安卜睿客科技有限公司搭建的模块化组合式冷箱如图 4-9 所示。该设备不仅具有很好的时效性，而且解决了传统的冷藏设备建造标准低、功能单一、利用率低等问题，还可根据收获季节和产量在生产地、高速公路收费区等地配备组合冷箱，从而解决了原产地的冷链设施设备缺乏等问题。另外，模块化组合式冷箱还可安装智能系统，利用物联网与人工智能技术获取自身的能耗、开关次数、温度和湿度等操作参数，从而实现对农产品的实时监测。

图 4-9　模块化组合式冷箱的示意图

在全国蔬菜生产大省山东省，省农业信贷担保有限公司通过搭建模块化组合式冷箱，实现了农产品的原产地预冷，并借助智能系统开展了数字供应链金融试点工作。通过实时监测，银行和担保公司无须进行现场尽调，既能为客户提供冷链物流，又能有效地应对金融机构与客户的信息不对称问题。山东省农业信贷担保有限公司通过智能冷库实现了"顾客能存货、能贷钱、银行愿贷、农担敢担保"的良性循环，进而促进了金融与农业发展的深度融合。

4.3.2　"多元主体＋市场运作"，共筑冷链设施设备

由于农民合作社与家庭农场的经济实力和管理水平有限，因此自行构建运营仓储和冷链设施的能力尚需提升。在这一背景下，政府可利用投资主体多元化、经营模式市场化，通过企业共建、集群集聚、发展村集体经济等方式，推动实施项目建设。

1."合作社 + 农户"模式，提升初加工能力

以"合作社 + 农户"为特点的农产品仓储保鲜冷链设施建设是家庭农

场与农民合作社的主要选择。例如，来自广西壮族自治区桂林市恭城瑶族自治县的恭城柿子、恭城油茶等农产品，通过壮大农产品加工产业链的规模，依托冷链仓储物流项目，逐步形成了"合作社 + 农户"的利益联结体，实现了项目初加工能力大幅提升的效果与农户多重受益的目标。

2."合作社 + 企业"模式，提高全产业链的建设效率

"合作社 + 企业"模式是在当地政府的监管条件下，由农业龙头企业与农民合作社合作的一种模式。农民合作社作为申报主体和项目业主来承接中央资金，农业龙头企业投入资金，进行统一的规划与建设，按比例进行分成，最终保障农民的基本权益。例如，广西壮族自治区崇左市龙州县将2020 年农产品仓储保鲜冷链建设项目划入自治区重点项目，通过整合各方资源，提高了项目的受助度，进而提升了项目建设的效率。

3."政府 + 合作社 + 农村集体经济组织 + 企业"模式，增加多主体收益

由地方政府带头，企业与农村集体经济组织共同申请中央资金，统一规划仓储冷链项目建设，按照统一的设计、验收、使用、管理和核算原则，通过一定比例进行利润分配，合作社与农民按照所设定的比例共享收益，确保农民的基本利益。

📖 【案例 13】"田间冰箱"，推动农业生态良性发展

有富家庭农场位于江苏省兴化市大营镇的洋葱产业园内，一座银灰色的钢构冷库矗立于此。有富家庭农场的经理张有富表示，因为洋葱的产量高、收获季节短、耐贮藏能力差，以往人们采摘洋葱后都要在田头上出售；受近年来大营镇洋葱产业发展的商机驱动，他产生了投建保鲜库的想法。

保鲜库于 2020 年 6 月上旬在洋葱进入收获季节后正式投入使用。在此期间，收购商的收购价为每斤 0.3 元，而保鲜库租户则以高于每斤 0.35 元的价格将洋葱收购入库。此后，洋葱的价格一路走高，到 9 月，洋葱的价格已经涨到了每斤 0.85 元。之后收购商又对在库的洋葱进行收购，同时继续选择包库储存。收购商签订包库协议 3 天后，每斤洋葱的售价就超过了 0.9 元，直到春节期间，每斤洋葱的售价达到 1.38 元。张有富从这一点上认识到了建立冷库的重要性，有了冷库，农场主才能得到更多的利润。作为熟悉洋葱市场的大营镇本地人，在了解了大营镇及其周边的洋葱种植面积为 8 000 亩、洋葱总产量超过 4 万吨，但保鲜库的储存量仅有 2 000 吨的情况后，他决定全身心地投入到洋葱保鲜库的建设中。

2021 年秋收后，张有富在当地政府的扶持下，成立了有富家庭农场，租地 300 亩用来种植洋葱，并建设了一个贮藏能力达 4 000 吨的洋葱保鲜库。2022 年 4 月，保鲜库建成，并分为南库区与北库区，其中北库区于 2022 年 5 月初投入使用，南库区于 2022 年 10 月完成制冷设备的安装。

如果把农产品产地的保鲜库比作一个巨大的"冰箱"，那么江苏省各地的这种"田间冰箱"正如雨后春笋般涌现。海门绿晓家庭农场位于江苏省南通市海门区正余镇正基村，已建成农产品产地保鲜库。正基村以种植莴笋、西兰花、番茄和黄瓜等蔬菜为主的流转土地超过 500 亩。新建成的保鲜库面积有 3 500 立方米，每年可以储存 5 000 吨的新鲜蔬菜，不仅可以为自家的蔬菜提供保鲜，还可以为附近农户的 1 000 亩基地的蔬菜提供保鲜。大中街道滨海冷链物流智能城位于江苏省盐城市大丰区，其一期项目已顺利竣工，该项目包含立体冷库、常温仓库、加工中心和中央厨房等多种功能设施。该项目总投资约 15 亿元，占地 350 亩，包含容量达 5 万吨的冷库及其附属设施，投入运营后的年周转量可达 40 万吨。该项目将打造特色农产品冷链物流基地和物流集散中心，并对上下游产业形成全方位的带动作用。

江苏省于 2021 年开始投资建设农产品产地保鲜设施，全省已新建 61 万立方米的冷库，新增农产品冷库容量 90 万吨、保鲜设施 546 个。建造冷库首先必须通过"土地关"。琼港镇八里村位于江苏省东台市，八里村及其附近的农村有超过 12 万亩的蔬菜地，加上年蔬菜总产量超过 60 万吨的新曹农场、马港农场和头灶镇三个乡镇，冷库的需求量较大。但由于土地资源紧缺，在周边 6 个村子中，仅八里村有超过 40 亩的耕地，因此这 6 个村子便采取了联合发展的模式，并于 2022 年 3 月正式启动保鲜库项目建设。该项目由镇农投公司负责统筹规划和设计，八里村等 6 个村子共同出资，有效防止了重复建设和资金浪费。基于共享式、集群式的发展思路，该项目有效地促进了冷链物流的规模化、市场化和品牌化发展。

第 5 章

农村消费品物流

作为我国国内消费市场的重要组成部分，农村消费品物流是农村消费市场的一个重要保障。全面了解农村消费市场，认识农村消费品物流的功能，提出农村消费品物流发展得更快、更好的方法，是促进农村消费提质增效、助力乡村振兴的必由之路。那么，农村消费市场到底有多大的潜力呢？农村消费品物流应该如何激活农村消费市场呢？如何进一步消除消费品下乡"最后一公里"的堵点呢？本章主要围绕这些问题进行探讨。

5.1　农村消费助力乡村振兴

本节首先从当前我国农村消费市场发展趋势的角度，指明了蹚出促进我国农村消费提质、扩容、升级的新路子，然后密切关注我国农村消费的新变化，最后分别从新能源汽车下乡、绿色智能家电下乡、绿色建材下乡的角度为鼓励农村消费指明了方向，回答了我国农村消费市场到底有多大的潜力，以及应该怎样深挖市场的问题。

5.1.1　答好农村消费提质、扩容、升级考卷

1. 农村居民消费增速后劲十足

目前，我国的农村消费市场发展蓬勃，"提质、扩容"已成为农村消费市场的主旋律，农村消费呈现出上升快、发展潜力大的特点。随着消费主

体的收入水平在农村消费市场的不断提高，农民的消费能力和消费水平持续提升，新型消费需求较高。农村消费市场不仅能够引领消费与产业升级，也迅速成为扩内需、促增长的新亮点，还成为促进我国经济高质量发展的关键动力和新的驱动力。

图 5-1 给出了 2021 年我国农村居民各类消费项目的构成情况。图中，食品烟酒、居住、交通通信、教育文化娱乐、医疗保健、生活用品及服务、衣着等组成了农村居民的消费结构。图 5-2 为 2021 年我国农村居民各类消费项目支出金额的同比增速情况，从图中可知，2021 年我国农村居民对教育文化娱乐（25.70%）、衣着（20.50%）、生活用品及服务（17.35%）的支出明显增多，这说明我国农村地区的消费全面升级，特别是农村居民在教育文化娱乐方面花费的总金额明显上升，表明农村居民对品质消费、精神文化消费的需求正在快速提升。

随着更多新的消费、服务模式渗透到农村消费市场，很多在城市学到一技之长的青年回乡创业，农村消费市场从生活消费到商业采购的拓展趋势愈发明显。同时，在农村居民可支配收入提高和零售基础设施下沉的情

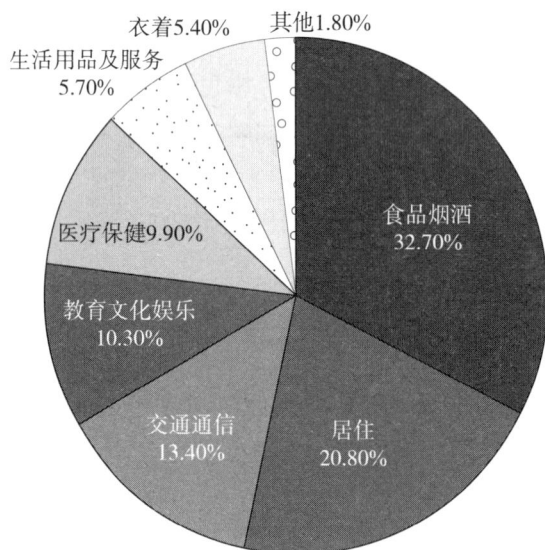

图 5-1　2021 年我国农村居民各类消费项目的构成情况

医疗保健　11.50%
教育文化娱乐　25.70%
交通通信　15.30%
生活用品及服务　17.35%
居住　11.90%
衣着　20.50%
食品烟酒　16.10%

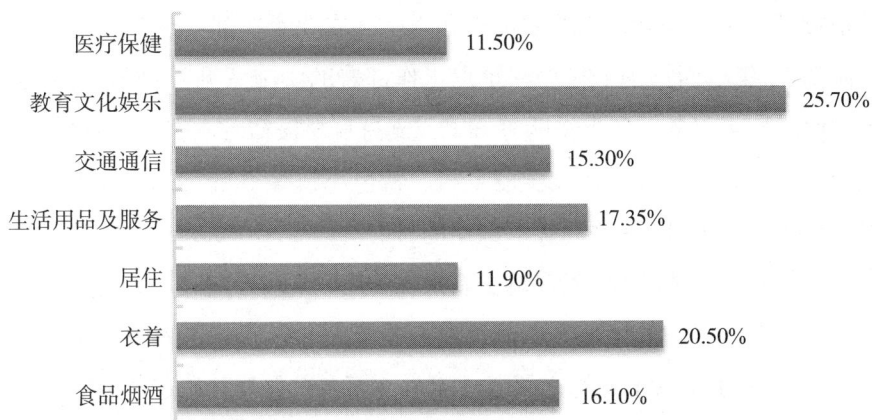

图 5-2　2021 年我国农村居民各类消费项目支出金额的同比增速

况下，相关企业应针对农村消费市场的多元化、多层次需求提供精准服务，切实提升商品品质与服务水平。

2.走出一条促进农村消费提质、扩容、升级的新路子

全面推进农村消费提质、扩容、升级，是保障农民脱贫致富、农村面貌焕然一新的重要途径之一。我国应该从有效对接城乡生产与消费、加大农村居民耐用消费品的更新换代力度、加快推动农产品冷链物流设施的建设进程、支持农村生活性服务业政策不断完善这四个维度入手，把处理好农村生产与消费之间的关系作为答好乡村振兴考卷的重中之重，以期走出一条促进农村消费提质、扩容、升级的新路子。

（1）有效对接城乡生产与消费

具体措施如下：① 推动电子商务进村入户，促进农产品出村进城，实施农产品网上品牌培育专项行动，实施农产品电子商务市场经营主体培育专项行动，以电子商务为推进路径，持续促进农村消费；② 从县、乡、村三个维度加快完善农村寄递物流体系，加速促进农村物流配送服务网络和节点的建设，大力健全出村农产品与进村消费品物流配送链条，使农村消费市场进一步得到活跃，以达到新型农村消费业态积极发展的目的；③ 有

效衔接城乡生产消费，农业农村部印发的《农业农村部关于落实党中央国务院 2022 年全面推进乡村振兴重点工作部署的实施意见》，明确提出鼓励各地通过购买服务、定点采购等方式，支持乡村民宿、农家乐特色村（点）发展，广大农村可通过建设美丽乡村、特色小镇等举措，吸引城镇居民到农村消费，以达到助力乡村振兴战略的目的。

（2）加大农村耐用消费品的更新换代力度

我国农村居民群体庞大，消费潜力非常大。以湖南省为例，湖南省农村人口在 2021 年占全省的比例超过 40%，而在全省消费品零售额中，农村消费品零售额的占比不到 16%。农村居民具有简朴、务实的特点，这使加大农村耐用消费品的更新换代力度成了促进农村消费提质、扩容、升级的主要途径之一。扩大农村市场的有效供给，完善配套服务，是农村耐用消费品从真正意义上实现更新换代的重要任务。

（3）加快推动农产品冷链物流设施的建设进程

近年来，随着物流服务走进千家万户，越来越多的农产品从田间地头走了出来，这不仅显著提高了农民的收入，而且为乡村振兴贡献了力量。但是，由于生鲜农产品的存储周期较短，损耗量较大，因此出现了其上行通道不通畅等一系列问题。冷链技术可以有效降低农产品的损耗。基于此，我国应大力推动田间地头小型仓储冷链设施、产地低温直销配送中心、全国冷链物流基地等设施的建设和运营，以期更好地推动农产品物流良性且有序的运行，为有效连接城乡生产与消费奠定坚实的基础。

（4）支持农村生活性服务业政策不断完善

当前，传统农村服务产品千篇一律，对新时代农村消费者的吸引力越来越小。因此，广大农村应在政府的支持下，建立和发展线上、线下相结合的农村物流公共服务站点，推动数量充足、种类繁多的线上、线下平台成为农民常态化的消费渠道，促进农村服务产品向便利化、精细化和品质化的方向发展。

5.1.2　关注农村消费新变化

1. 消费升级带来的乡村新变化

据相关数据，当前我国脱贫攻坚战获得了全面胜利，大幅拉动了农村居民消费水平的增长和消费环境的提升。如图 5-3 所示，通过比较 2017—2021 年我国城镇和农村居民的人均消费支出情况，可以发现，2021 年我国农村居民的人均消费支出为 15 916 元，相比 2020 年，增长率约为 16.1%，而同一时期城镇居民人均消费支出的增长率约为 12.2%。由此可见，随着农村居民消费支出的增加，我国农村居民消费近年来增长势头强劲，正在由传统生产型消费过渡到发展型消费。

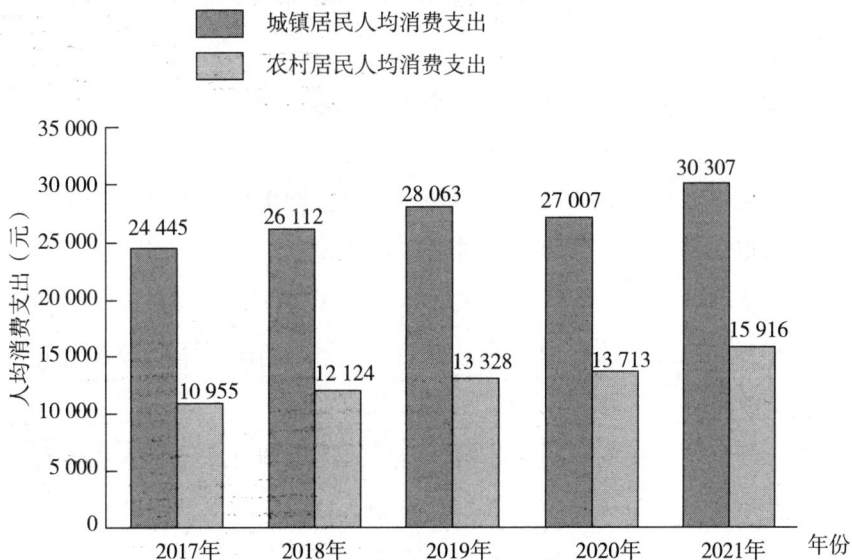

图 5-3　2017—2021 年我国城镇和农村居民的人均消费支出情况

近年来，随着乡村振兴战略与村村通公路政策的落地实施，我国农村居民的收入和生活水平得到了显著提升，农村交通状况得到了有力改善，我国农村汽车消费市场正步入爆发式增长的新时期。由图 5-4 可知，2020 年我国农村居民平均每百户拥有 26.4 辆汽车，相较于 2015 年，增长率约为 98.5%。由此可见，汽车属于我国农村居民耐用消费品中增速最快的一种消费品。

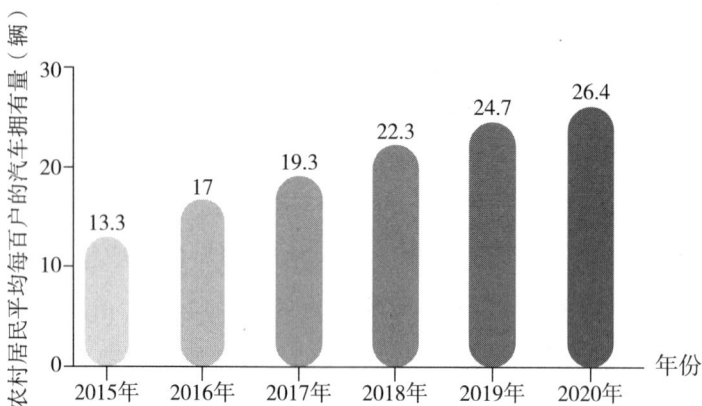

图 5-4   2015—2020 年我国农村居民平均每百户的汽车拥有量变化情况

2. 农村消费的发展趋势呈现出个性化与多元化

2020 年，我国乡镇级和村级市场占据了全国市场的 38%。由于农村消费市场的增长动力巨大，因此农村消费正呈现出个性化、多元化的发展趋势，且消费潜能也在不断释放。2021 年，对于全国县域农村地区居民消费水平的增速，东北、西北地区是最高的，华中、西南、华北等地区的农村网购成交额的增长率均大于 10%。

在有畅销农产品的产地，如烟台市、大连市和丹东市等，我国农村地区的消费水平连年呈现高倍数的增长态势，且农村地区网上购物成交额的增长率也超出了农村所在城市网上购物成交额的平均增长率。近年来，县域农村地区的线上服务、工业品消费等的成交额的年均增速显著提高，这也说明县域农村地区的生产、生活水平与数字经济的发展更加密切，而随着数字经济和实体经济的不断深入融合，县域农村地区居民的消费水平也将不断提高。

5.1.3　开启新一轮消费品"下乡"活动

2021 年 11 月，国务院印发《"十四五"推进农业农村现代化规划》，鼓励有条件的地区开展农村家电更新行动，实施家具家装下乡补贴和新一轮汽车下乡，加大农村居民耐用消费品的更新换代力度。

1. 新能源汽车下乡，拉动农村消费

目前，我国汽车下乡中的汽车主要是指新能源汽车。新能源汽车下乡的序幕于 2020 年 7 月正式拉开。《加快农村能源转型发展助力乡村振兴的实施意见》由国家能源局、农业农村部、国家乡村振兴局于 2021 年 12 月联合印发，该意见明确提出，将支持地方进一步开展和推进新能源汽车下乡活动。2022 年 1 月 18 日，相关部门联合发布了《促进绿色消费实施方案》，再次明确将深入开展新能源汽车下乡活动，鼓励汽车企业研发并推广适用于农村居民基本出行需求的新能源汽车，并指出其品质要优，价格应低，技术应先进，适用范围应广。

据有关数据，2021 年，新能源汽车下乡活动中的汽车销量高达 106.8 万辆，同比增幅约为 169.2%，较我国新能源汽车在整体市场的增幅高出了大约 10%。其中，工业和信息化部、农业农村部、商务部、国家能源局四部门组织开展的以"绿色、低碳、智能、安全——满足美好出行需求，助力乡村全面振兴"为主题的 2022 年新能源汽车下乡活动，包括中国第一汽车集团有限公司等 52 个新能源汽车品牌、100 多款车型，涵盖农村常用的面包车和电动商务车。

2. 家电下乡提速升级，农村新"卖点"聚焦绿色智能

据我国某家专门经营家电的电商平台的统计数据，在 2020 年到 2021 年这一年的时间里，我国县级及以下市场的智能家居成交额大大领先于其

他各种类型产品的成交额。部分典型的智能家居产品，如烟雾报警器、自动窗帘、扫地机器人、自动吸尘器等产品的年度成交量的同比增长率均超过100%。

绿色智能家电升级换代成了推动家电下乡的关键所在。2022年7月，《商务部等13部门关于促进绿色智能家电消费若干措施的通知》由商务部等13个部门联合发布，该通知从多个方面对绿色智能家电消费给予政策支持，包括开展家用电器以旧换新活动和绿色智能家电下乡，提高绿色智能家电的售后服务水平，回收废旧家电等。

3. 绿色建材下乡，助力实现"双碳目标"

绿色建材是"双碳"目标中的重要一环，是满足绿色发展需要的主要着力点之一。农村和城镇的市场相当广阔，促进绿色建材下乡对进一步推动绿色发展具有重大而深远的意义。为进一步鼓励广大农村居民进行绿色消费，助力美丽乡村建设，促进绿色建材的生产、认证与推广应用，工业和信息化部、住房和城乡建设部、农业农村部、商务部、国家市场监督管理总局与国家乡村振兴局六个部门联合印发了《六部门关于开展2022年绿色建材下乡活动的通知》，协同部署开展绿色建材下乡活动。

建材行业是我国当前国民经济发展的主要基础原材料行业，也是我国改善民生的基础性行业，面临着能源消耗大、排放多、产能过剩等一系列问题。由《中国建筑能耗研究报告（2020）》可知，2018年建筑全过程的碳排放总量为50%左右。其中，处于生产阶段的建筑材料占比高达28%，属于减碳的重要领域之一。与常规建筑材料相比，绿色建筑材料具有资源和能源消耗小、对环境的污染小、碳排放强度较低等一系列优势，成为实现节能减碳的一个有效的途径。

"绿色建材进万家，美好生活共创建"可以有效增强消费者的环保意识与绿色消费观，提升消费者对绿色发展理念的认知，增强绿色建材对农村消费市场的供给，不仅有助于建立和完善更加便利的绿色建材消费体系，促进乡村市场升级，而且有助于进一步培育和激活绿色建材在农村的消费潜能。同时，在农村居民收入持续增长和城市消费引领带动作用不断增强的背景下，下沉市场的消费潜力将不断释放，把建材、家居等作为促进农村消费的重要发力点，对于畅通国民经济内循环具有重大的意义。

📖　【案例 14】激活消费强引擎，锻造帮扶全链条

地处青藏高原东北边缘、海拔在 3 000 米以上的四川省阿坝藏族羌族自治州若尔盖县，拥有天然草原约 1 213 万亩，可利用的草原占比达 80%。全县草食畜牧业较为发达，然而，第二、第三产业的发展较为落后，产业基础比较薄弱，区域内的生态环境比较敏感，脱贫人口的经济收入不太稳定。浙江省嘉兴市南湖区针对上述情况，坚持把激活全产业链的"消费帮扶"作为主引擎，助力若尔盖县全面实现产业升级、经济增长和农民增收。

◎ 融通"三专"构建展销渠道

（1）冷链运输专线的铺设。南湖区指导区内企业针对若尔盖县"高海拔、远距离"的实际情况，通过冷链车直线配送藏系牛、羊肉到南湖区市场进行销售，在南湖区和若尔盖县开设购销企业站点和直营门店，建立"直营直销专线"，以形成购销"一条龙"的服务体系。

（2）对口消费专区的架设。南湖区发挥中心城区的区位优势作用，在辖区大型商超、综合体及嘉兴合乐城等核心市场区域搭建专门的消费帮扶对口支援区，展销红枣、菌菇、蜂蜜等来自阿坝藏族羌族自治州和宜宾市等地的农特产品，为对口区域农特产品走出产地、走进南湖、走进群众给予了全方位的支持。

（3）文旅消费专窗的开设。南湖区在政府部门的协助下，在嘉兴市月河历史街区开设了由藏族创业青年管理运营的若尔盖"藏文化"农特产品

展销中心，展览并销售来自若尔盖县的藏香、青稞酒和牦牛肉等农特产品，并开展藏茶等消费者体验活动，以期更有效地促进若尔盖县的农特产品与市场结合起来。

◎ 汇聚"三大效应"打造消费品牌

（1）发挥政府的示范引领效应。南湖区供销社以国资公司为依托，联合辖区内的广大销售企业，成立了"若尔盖南湖协作销售有限公司"，进行高原牛羊肉的采购、加工和包装。南湖区政府积极引导该区机关、企事业单位食堂采购来自若尔盖县的牛羊肉；引导各镇（街道）购买蕴含伟大建党精神、红船精神、长征精神的文创产品"嘉若一家亲"藏香香囊，以党建结对的形式拉动留守妇女实现就业和增收。

（2）发挥节庆活动的效应。南湖区通过"浙里来消费—南湖消费节"、"3+X"系列主题消费节等一系列节庆活动，打造对口支援消费帮扶专属场景。南湖区借助新华社、浙江新闻、嘉兴广电等媒体的力量广泛宣传造势，结合嘉兴市民冬季的饮食习惯，每年策划开展"南湖—若尔盖"羊肉节。南湖区利用端午节，对妇女灵活就业基地的文创产品藏香香囊进行了广泛的宣传，得到了广大群众的一致好评。

（3）发挥宣传的推介效应。南湖区引导地方政府、企事业单位、社会组织和爱心人士等通过"单位采购＋个人需求"的方式，主动参与消费帮扶活动，以"广宣传、深合作、求实效"为工作抓手，切实开展市场调研、现场直播和网络订单等宣传推介活动。

南湖区对口帮扶若尔盖县以来，积极贯彻落实党中央、各省市关于对口支援工作的部署，结合若尔盖县高原地区农牧业的特色，以消费为引领，着力打造"产—供—销"一体化的消费帮扶新模式，显著提升了当地的产业发展能级。与此同时，南湖区通过建立健全长效工作机制，使若尔盖县的巩固脱贫攻坚成果及全面推进乡村振兴防返贫"阵线"进一步得到稳固。

5.2　农村消费品物流激活农村消费大市场

本节从农村消费品物流对激活农村消费大市场的意义的角度出发，在完善农村消费品物流网和强化农村公共基础设施建设两个方面指明了农村消费品物流持续助力乡村振兴的方向。

5.2.1　激活市场，农村消费品物流意义非凡

农村市场是目前我国范围最大、最具发展潜力的市场，是拉动内部需求的主要动力源泉。随着我国农村消费市场结构的升级，加之其个性化、多元化的发展势头，农村消费市场已成为我国国内消费市场的主要部分。同时，物流是农村消费市场强有力的保障。农村消费品物流是农村居民开展消费活动的主要通道，也是繁荣农村市场、畅通消费品在农村流通的主要路径。农村消费品物流是指供应商向农村消费者传递满足农村居民日常生活需要的消费资源。农村消费品物流对于畅通消费品下乡"最后一公里"、加快乡村振兴步伐具有重要的意义，其具体的意义如图 5-5 所示。

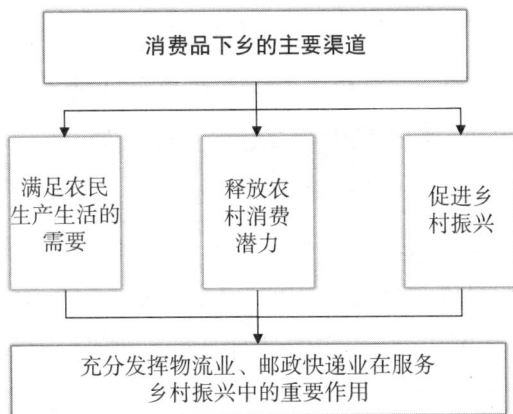

图 5-5　农村消费品物流的意义

5.2.2 统筹规划，农村消费品物流"加把劲"

1.完善农村消费品物流网，加快农村寄递物流的发展步伐

加快发展农村寄递物流，需要科学建设农村消费品流通服务网络，对已有的相关农村网点加以聚合和改建，并适度扩大网点的规模与数量，循序渐进地布局物流配送网络，着力形成骨干服务网络，使其逐渐遍及所有的农村区域。政府部门应联合物流、邮政快递企业建立服务于农村消费品物流的公共信息平台，进一步推动农村消费品物流的信息和资源实现共享；进一步提升先进技术在农村区域的应用水平，逐步完善农村消费品的物流配送服务网络，并强化市场准入管理制度，进一步向农村消费品物流市场推广品质优良、价格亲民的产品。

2.强化农村公共基础设施建设，推动发展农村消费品物流

由于农村一般处于偏远地区，且地形环境复杂、基础设施条件差，因此这些地区的公共基础设施建设存在修建难度高、投入多、风险高且投资回报不稳定的问题。为此，地方各级政府应加大投资力度，在财政、物资、科技等方面予以支持，同时予以政府扶持。例如，地方各级政府应处理农村基础设施建设投资等方面的不合理收费，降低并减免部分税收；合理扩大对农村基础设施建设投资的财政补贴规模与强度，进一步实施土地补偿政策，以减少企业在基础设施建设方面的投资成本。

政府也可以丰富投资主体，如鼓励并支持"建设—经营—转让"的融资模式。私营组织可以与当地政府部门签订协议，其负责筹集资金来投入乡村的基础设施建设，并在规定的时期内拥有管理权、经营权；期满后，私营组织在规定的时间内将已建好的乡村基础设施移交给当地政府部门，由当地政府指定有关主管部门进行运营与管理。这种融资模式可以使农村

公共基础设施条件落后、资金来源有限等问题得到有效缓解。

📖 【案例 15】物流助力开拓新沃土

相较于城市，由于大部分农村地区的物流配送设施相对简陋，运转效率也较差，所以乡村物流配送体系的建设相对比较缓慢。通常情况下，一个邮快件配送服务站点需要对周围十多公里的区域进行配送，这不仅导致配送时效低，而且导致偏远地区的大部分村民需要自行前往镇上取件。所以，乡村物流配送基础设施的建设与完善、乡村物流配送网络的完善，是确保零售公司向农村下沉市场进行深耕，逐步进入低线县城、重点县镇的基础。

在助力"零售云"服务下沉的同时，苏宁易购较为健全的下沉渠道和物流配送系统也为大件商品如家电、家居、卫浴、健身器材等的顺利送达提供了强有力的保障，从而使苏宁易购在县镇市场得以"茁壮成长"。

京东瞄准低线城市、县城和周边乡镇，于 2019 年启动"千县万镇 24 小时达"时效提速工程，以期进一步提升农村寄递物流配送服务。在 2020 年"双 11"期间，京东通过采取仓储投入、建设中转场地、投入先进智能设备和提升物流配送班次等方法，引入了预售前置、乡村共配等服务模式，使其在国内 83% 的乡镇实现了"24 小时达"。

为了加速实现"全国 24 小时，全球 72 小时必达"的目标，菜鸟网络不断加大对全球物流配送骨干网络和农村物流配送"毛细血管"的建设和投入。菜鸟网络表示，对于我国农村地区，其将联手"通达系快递"，进一步优化农村物流的分拨、运输与配送系统，最终提高农村物流的运作规范和效率。

随着我国农村物流基础设施建设的加速和物流配送网络的逐步完善，农村消费者能够更加方便地采购到与城市消费者一样的产品，农村消费品的下行渠道也将在不远的将来越来越通畅。

5.3 快递进村畅通消费品下乡"最后一公里"

快递进村是农村消费品物流促进农村消费提质增效、助力乡村振兴的有效保障。近年来,快递进村政策利好,并被写入 2022 年中央一号文件,快递进村让乡村生活更美好。本节在明确快递进村基本常识和方式的基础上,聚焦"建网络、促共享、强末端、融产业",提出了快递进村工程可持续发展的有效措施,确保快递进村不仅进得去,而且稳得住。

5.3.1 小快递推进大发展,快递进村带来美好生活

从 2014 年到 2023 年,政府工作报告的用词由"促进"到"支持",再到"加快",政府对农村物流体系建设与发展的重视程度在不断增强,释放出越来越强烈的政策信号。

"快递进村"像"毛细血管"一样贯通了我国广大的农村地区,在有效衔接农户与市场的同时,推动农产品供需两旺,对促进乡村振兴具有深远的意义。首先,快递进村可以打通消费品下沉农村的"最后一公里",可以极大地畅通消费品下乡进村的流通渠道;其次,快递进村可以有效促进农村物流配送体系与农村电子商务的协同发展,吸纳大量农民工、大学生等群体回乡创业、就业;最后,快递进村还为大批受过简单培训后就能满足一般岗位要求的农村劳动者创造了工作机会。由此可见,快递进村的多重作用既有利于全面推进乡村振兴战略,推动形成新发展格局,又有利于建立全国统一大市场,推动经济的良性循环。随着快递进村的深入实施,现代化物流网络将纳入更多的村庄,一个物畅其流的中国也将更好地呈现在世人面前。

5.3.2　破解快递进村难题，共筑农村富裕路

当前，国家邮政局提出了六种快递进村模式，分别是快递企业驻村设点、快递企业共建网点、邮政企业与快递企业合作、农村客运班车客运站与快递企业合作、供销社和电商平台与快递企业合作、第三方独立平台与快递企业合作，其目的在于通过画大同心圆的方式，形成多主体相互协作、共同生存的农村寄递物流生态圈。与此同时，"党建引领·快递进村"等也是较为流行的快递进村模式。当前，国家邮政局提出的前四种快递进村模式已相当成熟，第五种快递进村模式较为成熟。

1. 快递企业打响农村消费品物流战

在我国吉林省白城市的通榆县，圆通速递采取自行投资和与村里小卖部联合等模式搭建了村级快递驿站，将乡镇网点的快件集中到一起来实现配送进村。仅仅花费 3 个月的时间，圆通速递就在当地设立了 160 家乡村驿站，并对通榆县 172 个行政村实现了 100% 的覆盖。另外，京东于 2020 年 6 月 8 日表示，通过采取新基建下沉、新建扩建城市仓创新仓储模式、创新供应链模式等措施，将商品布局至消费者楼下，打造专属解决方案，将快递车开到田间地头与物流、商流并行，让快递小哥成为快递进村和特产出村的载体。

2. "快快合作"打通农村消费品物流的"毛细血管"

2021 年，圆通速递在全国一共建立了 33 985 家乡村驿站，平均每天活跃的乡村驿站有 3 万家，它们覆盖了我国超过 2 万个乡镇。为更好地推动快递进村的落地实施，中通快递专门组建了乡村发展部，现已走进全国超过 15 万个行政村，截至 2021 年 9 月，中通快递共有快递服务网点超过 3 万个，这些网点覆盖了超过 99% 的区县和超过 93% 的乡镇。

在滨州市惠民县、无棣县的核心地区，以及地理位置较为偏远的 22 个社区，中通快递、圆通速递、百世快运、韵达快递、申通快递、天天快递六家快递企业合作成立了村级"快快合作"服务站。当前，每个服务站可覆盖周边十余个行政村，显著提升了农村快递寄递服务水平。快递企业抱团合作，在运输、仓储和投递等环节最大限度地降低了运营成本和使用成本，在提升快递企业服务水平的同时实现了资源整合和互惠互赢。

无棣县各家快递企业基于"快快合作"，尝试在乡镇服务中心和村级服务站推行"快递＋商超"模式，利用快递带来的人流开设超市，为本地农村居民创造更多的就业机会，提高快递服务站负责人的收入，为镇、村两级"快快合作"网点的稳定运营提供有效的保障，进一步发挥快递服务乡村振兴战略和助力精准脱贫项目的强大动力。

3. "邮快合作"畅通"最后一公里"

"邮快合作"是指为了推动农村物流与邮政快递业的发展，邮政企业与快递企业开展合作的一种物流模式；它也是快递进村的主要模式之一，需要相关部门不断完善县、乡、村三级物流体系，并进一步整合末端资源，拓宽服务内容。

"邮快合作"具有提升农村邮政快递服务水平、促进农村经济发展的显著优势。通过合理运用邮政企业的网点资源、推进降本增效，"邮快合作"可以大力提升农村邮政企业和快递企业的服务水平。对广大农村居民来说，"邮快合作"能够满足农村居民对更便捷的快递服务的需求；对邮政企业来说，"邮快合作"能够在有效发挥邮政农村基础网络优势的同时，为乡村振兴战略贡献行业"国家队"的力量；对快递企业来说，"邮快合作"能够助推邮快件下乡进村，有力破解农村物流"最后一公里"的难题。

浙江省邮政分公司与四家快递企业签署了"邮快合作框架协议"，这四家快递企业分别为中通快递、圆通速递、申通快递和极兔速递。福建省宁德市屏南县寿山乡通过"邮快合作"的方式，实现了 14 个行政村邮政快递业务的全覆盖。具体而言，由快递企业寄往寿山乡各行政村的快件，可由邮政企业统一派送到各个行政村。黑龙江省通过"邮快合作"，使偏远地区的村民在家门口可以分分钟收到"6·18"网购的商品。

4. "交快合作"，"公交 + 快递"跑出新商机

在江苏省连云港市东海县，当地交通运输局与邮政管理局签订了物流快递进村合作协议，双方通过共同构建县、乡、村三级物流体系，为快递企业在乡镇汽车客运站点提供免费门面，通过公交车助力快递企业将快件送到村里。借助"交快合作"的模式，圆通速递在东海县花费不到一年的时间，成功入驻了近百个村，完成了快递"村村通"的全覆盖。此外，在保障农村乘客乘车需求与乘车安全的条件下，江苏省淮安市涟水县对现有公交车辆的资源进行了最大限度的利用，把现有农村公交车辆变为客货兼顾车辆，开辟了极具"交邮融合"特色的城乡公交示范线路。

5. 供销社和电商平台与快递企业携手助力快递进村

江苏省宿迁市在建设农村电子商务公共服务中心（站、点）的基础上，不仅完善了县、乡、村三级寄递物流网络，优化了村级寄递物流综合网点的布局，而且推动宿迁市农村寄递物流与电子商务的协同发展，进而有效推进了快递进村工程。此外，在甘肃省金昌市，圆通速递与 12 家供销社服务站点的负责人深入沟通交流了快递进村的工作现状和发展趋势，并围绕当地已有的电商、快递和供销等资源，针对如何实现工作场地、设施设备、人员等基础资源的共享互用等问题展开了深入洽谈，初步达成了合作意向。

6. "党建引领·快递进村"

2022 年，围绕消费品下乡"最后一公里"的任务，青海省西宁市湟源县采用"乡（镇）政府引导、企业主导、村集体配合"的"政企合作"模

式，深入推进"党建引领·快递进村"工作，在健全村级寄递物流综合服务体系的同时，有效补齐了农村寄递物流基础设施的短板，并帮助农村居民开展就业创业。

湟源县大华镇新胜村村支书腾国庆指出，为保证村民的快递不丢失、不错取，新胜村村委班子成员在村委办公室轮班值守，以期大大节省村民的交通费用与时间成本。自"党建引领·快递进村"工作开展以来，村民们的农具、生活必需品、小日化、大家电，都是从网上购买的，这彻底解决了以前取件难的问题。

为稳妥有序地推进快递进村工程，湟源县政府相关部门在全面摸清辖区内部邮政快递进村的路线后，结合乡村产业发展的需求与群众的生产生活实际，充分利用现有场地，如村级综合服务中心、零售小卖部等，按照"四有"标准，对辖区内的 28 个城镇级快递服务站和 44 个村级快递公共取送点进行了合理的统筹和规划。11 个村的快递可以直接送到村民手中，146 个行政村的快递服务全面实现了"村村通"，老百姓得到了真正的实惠。同时，湟源县积极引导晟瑞物流有限公司成立党组织，引导其通过与大华镇何家庄村党支部联建结对"手拉手"的方式，有力促进党建工作与业务工作的双融合、双促进与双提升。

5.3.3 确保快递进村稳得住、发展好

1.补齐基础网络短板

政府部门要深入推动优化农村物流快递基础设施建设，发挥政策引领作用，统筹建设县、乡、村三级物流体系，通过落实布设网点、优化路径、强化服务等畅通城乡双向流通渠道的有效措施，逐步加快覆盖乡镇快递网点的步伐，全力推动快递进村工程。中国邮政集团有限公司应在保证邮政

普遍服务和特殊服务的情况下，继续强化农村邮政网络结构的基础性支撑作用，持续推进农村邮政基础设施和普遍服务网络的共建、共享、共用。在服务网络建设方面，政府部门要持续完善农村邮政服务网络建设，重点发挥邮政服务网络在边远地区的基础支撑作用，不断助推农村邮政基本公共服务水平的提高。

2. 推动快递资源集约共享

政府部门要积极整合农村地区邮政、快递、交通运输、供销和商贸流通等相关资源，大力推进"邮快合作、交快合作、快快合作、快商合作、快销合作"等形式多样的共配共收模式，并鼓励邮政、快递、交通、供销、商贸流通等平台采取多种方式共用末端配送网络，以及通过合资、互相持股、加盟、代理代办等市场化运作方式，有效降低农村末端的寄递成本，实现各个主体的协同合作。

3. 提升末端网点的服务功能

政府部门应引导邮政、快递企业拓宽农村网点服务功能，提升农村网点的营业收入水平，保障"神经末梢"的快捷通达。在 2021 年至 2025 年，建立在行政村的村级寄递物流综合服务站应符合相关标准，即有固定的营业场所、固定的营业人员、固定的营业时间、固定的投递频次等"四固定"；有快递服务组织标识、业务信息系统、货架等"三有"；做到邮件快件不落地、不扔件、不摆摊设点等"三不"。

4. 推动产业融合协同发展

政府部门应着重推动农村寄递物流和农村电子商务的融合发展，鼓励企业积极研发农村电商的定制化寄递物流服务产品；支持农村寄递物流和商贸流通业融合发展，鼓励引导大型商超、连锁零售企业与寄递物流企业深入协作，并运用多种方式为农村居民提供便利消费服务；大力支持邮政企业和快递企业为农村电子商务提供寄递、仓储和金融等一体化服务。

5.因地制宜、分类推进快递进村

政府部门要分类推进快递进村工程：针对东部和中部地区的农村，把如何调动企业的积极性作为工作的发力点，加大发挥市场在资源配置中的决定性作用；针对西部地区的农村，注重发挥邮政在末端寄递中的基础性作用，注重发挥邮政企业和交通运输企业的网络优势，调动各类社会资源积极参与，扩大快递进村的覆盖范围。

6.深化农村寄递物流的"放管服"改革

各地邮政管理局要简化农村快递末端网点备案程序，取消不合理、不必要的限制，支持农村快递末端服务的创新发展，进一步完善寄递物流配送服务的监督与管理，鼓励市场公平竞争，维护公众的合法权益。与此同时，各地邮政管理局针对"放"要充分，在守住安全底线的前提下，简化农村快递末端网点备案审批程序，推动实现网上备案和"一次都不用跑"；针对"管"要严格，对损害用户合法权益的行为，依法实施更加严格的监督与管理措施；针对"服"要积极，健全配套政策，推广"邮快合作""快快合作""交快合作"等多种合作模式，大力推动邮政快递业服务现代农业等示范项目的创建工作。

📖 【案例16】打通网络，快递进村谋新篇

在河南省南阳市淅川县厚坡镇韦集村邮政便民服务站，负责人孙均波忙得热火朝天。邮政便民服务站每天平均能收寄七八件包裹，代投的邮件

每天都有上百件。孙均波指出，以前老百姓都要到镇上收包裹或寄包裹，现在邮件和快件全部能够通过"村村通客车"进入村里，这给老百姓提供了极大的便利！

2021 年 4 月，秉持"资源共享、合作共赢"的初心，淅川县交通运输局与邮政企业签订了一份合作协议，提出以客运车辆代运邮件快件，以此实现快递进村。同时，邮政企业可将货物仓储、邮件中转区设置在乡镇公交场站，并增加自提与代投邮件快件的功能。除此之外，各家快递企业也可以在乡镇公交场站开展同业同仓共配工作，以大大地节约资源。

淅川县大部分村庄存在位置偏远、业务量稀少、快递进村成本偏高的问题，这导致绝大多数民营快递企业陷入"想进村而进不去"的窘境。因此，"邮快合作"实现了同仓共配；而"交邮合作"能够确保邮件快件及时地进入村子，能够借助邮政企业在各个村庄建设的综合便民服务站达到代收代投的目的。上述"邮快合作"与"交邮合作"在降低快递进村运营成本的同时，可以确保老百姓足不出村就能享受到便捷的服务。目前，淅川县"两中心一站点"的三级物流体系已初具规模，5 000 平方米的共配中心建设工作正在进行中，村级站点实现了 100% 的建设覆盖率，叠加代收代投业务的占比超过了 84%。

第 6 章

农村电子商务物流

近年来，农村电子商务的发展在国家"乡村振兴"战略的背景下迎来了崭新的机遇。农村物流是发展农村电子商务的重要支撑，两者相辅相成、相得益彰，共同成为乡村振兴的重要推动力。为了提升农产品和农村消费者需求商品的流通效率，建立能够满足农村居民网络购物需求及农产品网络销售一体化的物流配送系统是必不可少的。农村经济建设将在有效整合互联网和农村物流资源的基础上再上新台阶。

6.1　农村电子商务赋能乡村振兴

在新时期，努力发展农村电子商务，是进一步改进农业农村生产经营模式、改变农业结构的重大抓手，是统筹城乡发展、促进农民改善生活条件的客观需要，是促进产业转型、提高供给质量的重要举措，也是振兴农村经济、创新经营模式的重要途径。

6.1.1　农村电子商务的发展成就与现状特点

1. 农村电子商务的发展成就

近年来，我国农产品网上零售额始终保持较快的增长速度，并获得了远超预期的成就。特别是在新冠肺炎疫情发生之后，农村电子商务通过网络化、非接触式、供求快捷匹配、产销有效衔接等优势，更加突出了其在稳产保供、复工复产和基本生活保障等方面的重要功能价值。其中，具有地域特色的农产品电子商务在贫困地区快速发展，为脱贫攻坚取得全面胜利做出了重要贡献。农村电子商务的发展成就如图 6-1 所示。

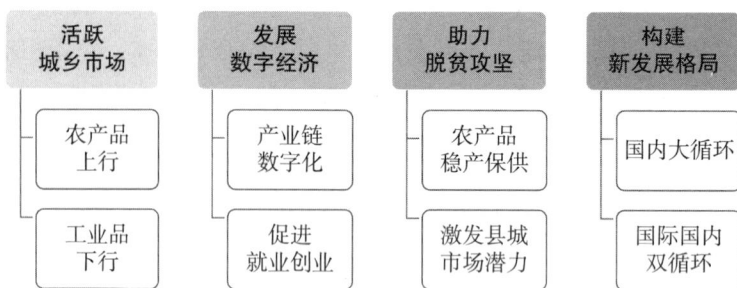

活跃 城乡市场	发展 数字经济	助力 脱贫攻坚	构建 新发展格局
农产品 上行	产业链 数字化	农产品 稳产保供	国内大循环
工业品 下行	促进 就业创业	激发县城 市场潜力	国际国内 双循环

图 6-1　农村电子商务的发展成就

（1）活跃城乡市场

如图 6-2 所示，我国农村网络零售总额在 2022 年达到 21 700 亿元。其中，农产品的销售量大、增速迅猛，零售总额达 5 313.8 亿元，同比增长 9.2%。电商平台便捷的购物体验丰富了农村居民的消费需求，个性化、品牌化、多元化的需求潜力不断被释放；城镇居民通过电商平台在全国各地的特色优质农产品中挑选产品，这不仅减少了交易的中间环节，还使城镇

图 6-2　2016—2022 年我国农村网络零售总额及同比增长率

居民不受地域和时间的限制，能更方便快捷地消费。农村电子商务的蓬勃发展进一步推动了农产品上行和工业品下行，开拓出一个便利、快速的实现城乡产品"双向流通"的渠道。

（2）发展数字经济

农村电子商务从传统物流端着手，向农产品价值链的上下游拓展，并逐渐融入农村生产、加工和交易的各个环节，提升了农村全要素生产力水平，节约了成本并提高了效率，改善了农村资源，进而推动了农村全价值链的数字化进程。据统计，2022年成为近年返乡创业人数最多、增长最快的年份，截至2022年年底，全国累计返乡创业的各类人员达到1 220万人。在返乡人员的创业项目中，55%以上的项目涉及网店、电商直销、无接触配送等服务，形成了独具特色的"网红产品"。

（3）助力脱贫攻坚

农村电子商务极大地增强了农产品供应链的稳定性，对农产品的稳产保供、打赢脱贫攻坚战发挥了重要作用。商务大数据调查显示，2022年全国832个国家级贫困县的网络零售总额和增速再创新高，网络零售总额达到1 076.1亿元，同比增幅高达31.2%。其中，阿里巴巴通过"村播项目"，累计培养了11万个乡村主播；一亩田集团2022年举办的"全国农产品线上产销对接大会（渭南）"的线上专区，先后邀请了超过500家企业店铺入驻，累计为渭南农产品带来超过4 680万次的曝光数量，所撮合成交的金额超过5亿元；在2021年新冠肺炎疫情期间，拼多多通过开展各类助农项目，帮助农村贫困地区销售长期滞销的农产品，其所销售的产品超过6 000种，还取得了单品销量超10万单的佳绩。在"宅经济"规模不断壮大的今天，越来越多的家庭选择服务网络化、产品线上化的电商购物模式，县域市场的潜力得到了极大的激发。

（4）构建新发展格局

农村电子商务发挥其产销有效衔接、供求有效匹配、连接全球市场和创新能力活跃的优点，在构建新发展格局方面起着关键作用。另外，农产品网上零售活跃了国内经济循环，农村网络零售总额的持续增长为推动消费增长、打通国内经济大循环提供了有效支撑。直播电商、社区团购、订单农业等创新业态的兴起，为推动农村消费升级、增加农村就业机会、促进农村数字化变革等提供了坚实的保障。此外，农产品跨境电子商务畅通了国际国内双循环，满足了我国农业高质高效的发展需求。李子柒、大益茶、三只松鼠等知名农产品电商品牌加快"走出去"的步伐，并进一步深入地参与了全球分工，提升了融入全球农产品供应链的效率。

2. 农村电子商务的现状特点

近年来，在乡村振兴规划及有关重要决策、重大项目的带动下，农村电子商务不断进行发展和创新，新业态、新模式不断兴起，呈现出诸多新特点。

（1）全国范围全面发展

2021 年，农村电子商务在全国各地区获得全面的发展，共同促成了全国农村网络零售总额 2.05 万亿元的佳绩。从地域上看，华东地区的农村网络零售总额占比最高，为 78.70%，接下来依次是华中、西部和东北地区，如图 6-3 所示；从各个省份的角度来看，农村网络零售总额的分布较为集中，位列前五名的省份（浙江省、江苏省、福建省、河北省和山东省）的农村网络零售总额的占比为 74.1%，均保持了较高的增速，如图 6-4 所示。

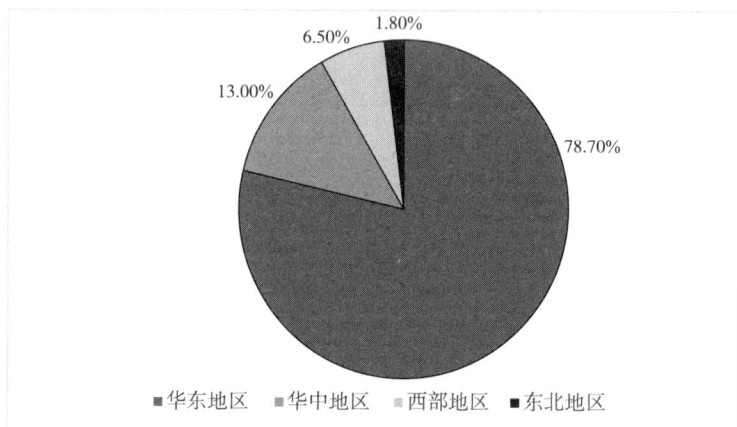

图 6-3　2021 年我国各地区农村网络零售总额的占比

另外，我国农村网络零售总额呈现正增长、商品零售总量呈现负增长的情况，标志着我国农村网络零售业的客单价已实现了较高增幅，而广大市民的网络消费能力也在进一步提高。

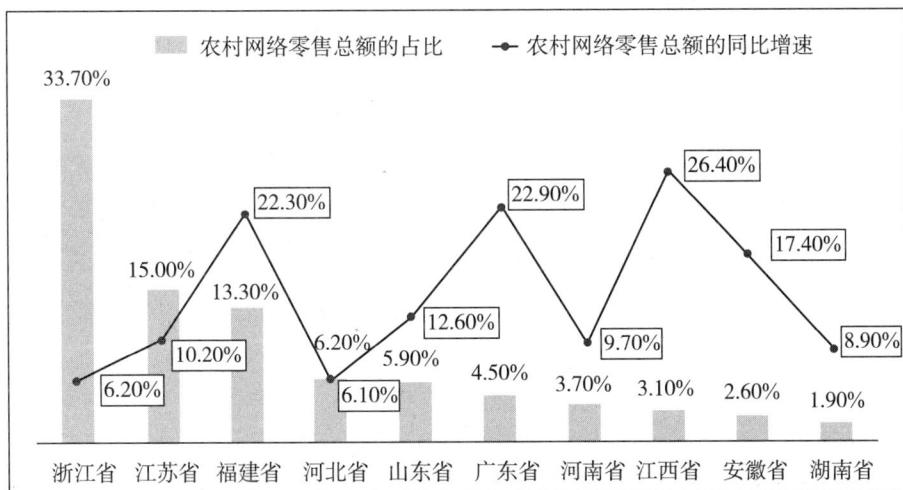

图6-4　2021年我国农村网络零售总额排名前十的省份的占比及增速

（2）电商瓶颈不断突破

农村快递物流网络日趋完善，截至2022年年底，邮政快递行业累计建成990个县级寄递公共配送中心及27.8万个村级快递服务站点，实现了快递网点在乡镇的全面覆盖。邮政、快递、公共交通等运输主体间的合作进一步深化，涌现出了共同配送、客货邮融合等多种运输配送新模式。此外，互联网在农村地区的覆盖率进一步提高，"县县通5G、村村通宽带"已在我国现有行政村全面实现。截至2022年6月，光纤进村的比例由原来的不足70%提高到100%，平均下载速率超过100Mb/s，这为电子商务在农村的开展奠定了坚实的基础。

（3）品牌效应不断显现

数字消费深刻改变了消费生态，给农业品牌的成长带来了新动力。数字消费依托电商平台，形成了全新的农业品牌，提高了农业品牌的市场价值，大大促进了农业增效、农民增收。据有关数据，2021年阿里巴巴电商

平台的 300 个农产品区域的公用品牌销售总额增长 7 000 万元，达到历史最
高的 42.4 亿元。借助新兴媒介的推广，一批农业品牌开始形成，如云南褚
橙、阳澄湖大闸蟹、海南火山荔枝、东港草莓、秭归脐橙和湖北鳌虾等。

（4）新型电商落户乡间

数字信息技术在"三农"领域的有效渗透，促进了线上线下一体化服
务，进而带动农村电子商务的创新和提速。社区团购、直播带货、农旅电
商等新业态的创新也引发了新的潮流，更多农户借助短视频、网络直播等
手段开展农村电子商务营销活动，为自家的农副产品、文旅商品等特色产
品"代言"。以陕西省商洛市柞水县为例，其依靠木耳产业的电商化之路巩
固了脱贫成果，带动深度贫困的金米村在竞争激烈的农产品市场中闯出一
片属于自己的天地。

6.1.2　农村电子商务体系介绍

农村电子商务体系是一个涉及多个主体、多种业务的复杂系统。电商
平台通过网络信息技术连接各个交易主体（经营者、供货商、农户、消费
者等），并形成消费、配送、金融服务等多种业态，面向广大农村居民提供
农产品销售、工业品及农资采购、生活服务等业务。农村电子商务体系的
构成如图 6-5 所示。下面对其主要构成部分做具体的介绍。

1. 交易对象

根据对农村电子商务四个细分领域的划分，农村电子商务的交易对象
一般涵盖农产品、工业品、农用物资和生活服务等多种商品和服务。

（1）农产品上行电商

农产品上行电商以解决传统农产品销售中存在的问题为目的，通过电
商平台拓宽农特产品的营销渠道，畅通农产品的销售流程。例如，淘宝村、

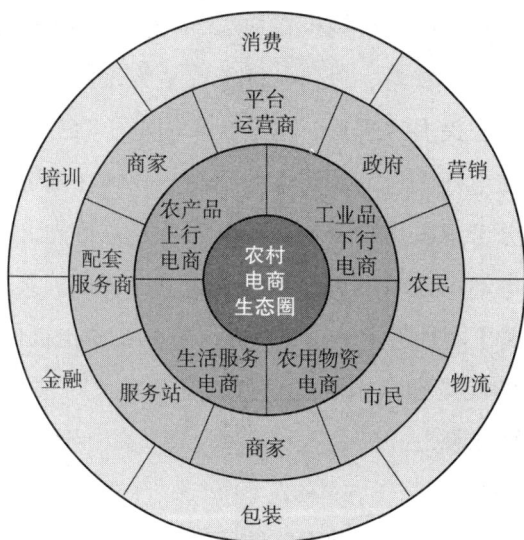

图 6-5 农村电子商务体系的构成

淘宝县、农产品网店及"特产中国·地方馆"等，都是典型的农产品上行电商模式。

（2）工业品下行电商

按照业内较为统一的认识，包含快速消费品的农村电商下行业务被称为工业品下行电商。其中，最为人们熟知的工业品下行电商模式是浙江省丽水市遂昌县的"赶街网"模式和"农村淘宝"模式。工业品下行电商撬动的是农村居民的消费需求，在消费人群、购物方式、消费品类、消费从众趋向等方面与城市工业品电商存在较大的差异。由于工业品的标准化、规模化较易实现，因此其网上销售已形成非常成熟的商业模式。阿里巴巴、京东等电商巨头在进入农村市场时，都以此为突破口，分别通过寻找乡村推广员、建立农村服务站来扩大其在农村中的影响力。工业品下行电商的消费需求和规模将依托农村人口红利、农民收入的增长及电子商务的发展在未来较长的一段时间内保持持续增长。

（3）农用物资电商

农业生产经营方式的变革、"互联网 +"的兴起和国家政策的扶持等因素，推动我国农用物资的销售规模在 2022 年达到了 8 500 亿元。农用物资包含农用机械、化肥、农药、兽药、种子等品类，大部分农用物资已实现标准化生产，便于农民多次采购，也适合采用电子商务的营销模式，但目前我国农用物资在电商平台的购买率并不高。我国在推进农用物资的电商化进程时，应充分考虑农用物资电商的鲜明特点：首先，随着农业活动的开展，农用物资电商的需求呈现出典型的季节性特征；其次，农用物资对于农业活动来说属于刚性需求，这也决定了农用物资电商的市场空间巨大；最后，农用物资的配送和营销难度较大，有关人员需要充分考虑其体积、重量和安全方面的要求。

（4）生活服务电商

随着农村地区电子商务基础设施的不断完善和电子商务应用场景的不断扩大，电子商务的综合服务功能也逐步展现。生活服务电商，如生鲜、团购、外卖、互联网金融服务等，已经向经济相对发达的农村地区渗透。而在农村地区单独开展生活服务电商的成本较高，因此电商平台可以先逐个突破其他业务，让平台的流量大幅提升，再顺理成章地将生活服务引入平台。电商企业可以通过建立生活服务 O2O（Online to Office）闭环系统，提供与农村居民生活息息相关的服务。例如，日照优粮城电子商务有限公司就依托合作社和种养大户的鲜活农产品资源，开发了"日照社区家园"企业公众号，开展农村地区的同城直配，成功打造了地方版的"京东到家"和"天猫超市"。

2. 交易主体

农产品的生产者主要包括农民、农民合作社等。农产品的销售者则主要包括电商从业者、企业商家、电商平台等。工业品下行电商的消费者以农村居民为主。农产品上行电商的消费者则主要是城市居民，他们对农产品的购买意愿和购买能力是决定农产品电子商务发展的主要因素。目前，我国多数农民对电子商务的认识还处于初级阶段，对电脑或智能手机的认识和使用存在一定程度的障碍。此外，农村电子商务的普及程度在不同发达程度的农村地区之间存在较大的差异。因此，针对农民开展电商宣传和培训至关重要，这也是政府推进农村电子商务发展的重点工作之一。

3. 电商平台

农村电商平台是农村电子商务发展的关键推动者，在促进农村电子商务业务发展方面发挥着至关重要的作用。根据经营的业务范围，我国当前的农村电商平台可以分为综合性电商平台、农用物资电商平台、农产品电商平台、品牌自营电商平台、生活服务电商平台等。下面列举了各类平台的主流企业。

（1）综合性电商平台：阿里巴巴、京东、拼多多、苏宁易购等。

（2）农用物资电商平台：淘宝农资频道、京东农资、农商 1 号、中国购肥网、一亩田、云农场、田田圈、买肥网等。

（3）农产品电商平台：顺丰优选、链农、中粮我买网、小农女、美菜等。

（4）品牌自营电商平台：三只松鼠、新农哥、百草味等。

（5）生活服务电商平台：中农网、村村乐、惠农网、农管家等。

4. 农村物流

农村地区地域广袤、需求分散且多样、基础设施不完善等问题导致了农村电子商务的配送成本过高，也限制了物流企业在农村地区的可持续发展。因此，畅通城乡之间及农村内的物流通道，是实现农村电子商务大踏步发展的关键步骤。

农产品上行之所以对物流环节有着较高的要求，是因为大部分农产品具有不耐储存、易腐烂的特性，个别品类的农产品的物流费用甚至会高于农产品本身的价格。因此，改善农村物流环境至关重要，否则物流费用将侵蚀掉农村电子商务的大部分利润，导致农村电子商务的盈利水平远低于传统的线下渠道。政府应加大扶持力度，尤其应重视农村物流基础设施的建设，因地制宜地采取多种方式扶持农村电子商务物流的经营，如利用邮政线路、客运班车、日用品批发商等多方力量，提升本地物流的效率。

📖 【案例 17】农村电子商务大分化：工业品下行易，农产品上行难

周挺是浙江省台州市的一家生活用品生产企业的负责人，该企业每年都会借助电商平台将所生产的垃圾桶销往乡镇和农村，且销量非常可观。另一位年轻人周立原是一名橙子种植专业户，近年来一直尝试通过网络销售自家种植的橙子，然而他的电商生意并不顺利，几经辗转仍然不见起色。

"工业品下行较易，农产品上行实难"是由两个年轻人的不同经历所折射出的我国农村电子商务市场的不同局面，具体原因如下。

首先，在农产品由产到销的过程中，规模不经济的问题大量存在。例如，小农经济背景下农产品的生产比较分散、仓储设施不完备及在运输中需要的冷链设施设备不完善，都会造成农产品的大量损耗。要想拓宽农产品的销售渠道、推动农产品上行，所要面临的困难远大于将城市的工业品销往农村的困难。

其次，在经营层面、品质维持层面和包装管理层面，农产品都难以实现标准化。在经营层面，操作人员的整体素质差异较大；在品质维持层面，农产品的种植规模较小且比较分散，管理者的管理精细程度不一致，这都容易导致农产品的品质参差不齐；在包装管理层面，相关人员对包装的版权意识不强，难以提升品牌的知名度。

以上这些问题，对于小而散的农产品经营者来说，都是难以跨越的门槛。就农产品本身而言，经营者需要对农产品进行规格分级，制定不同规格农产品的销售规则，主动且定时地对农产品进行质量检验；就经营过程而言，经营者不能只聚焦在简单的买和卖上，还需要对社会需求进行分析，

因此，培养和引进农产品电子商务的物流专业人才、提高相关人员的素质是重中之重；就农产品运输而言，保鲜、贮藏和祛潮等措施至关重要。因此，健全农村物流体系，改善农村专业化物流设施设备，合理规划冷链运输路径等都是人们需要完善的关键环节。

浙江省电子商务促进会的副秘书长陈以军指出，政府的积极作为将有助于降低农产品上行的门槛。他认为政府层面需要做好以下四项工作：一是做好网上平台与渠道的对接，帮助农产品扩大网上销路；二是布局好冷链仓、前置仓农产品销售所需的重点物流基础设施；三是抓好电子商务专业人才的培养，孵化和造就一支正规化、专业化、本地化的电子商务人才队伍；四是要推进农产品标准化、品牌化体系建设，为实现本地农产品"触网上行"提供有利条件。

6.2　农村物流服务农村电子商务高质量发展

在农村电子商务高速发展的当下，加快发展农村寄递物流，进一步畅通农村物流"双链路"，是推进乡村振兴、提高农民收入、释放农村内需潜力的重要举措。

6.2.1　为什么要大力发展农村电子商务物流

近年来，在国家政策的大力号召下，农村电子商务领域呈现出一派"热闹"的景象，阿里巴巴、京东、苏宁易购等互联网巨头企业纷纷投身到农村电子商务发展的大潮中。"十四五"期间，农村电子商务"上行"和"下沉"的双链路发展，已成为助力乡村振兴的重要力量。但由于农村地区存在物流网络基础设施不完善、运输成本较高等种种问题，物流配送成了阻碍农村电子商务"双链路"发展的关键问题。

一是"最初一公里"的配送损耗成本过高，给"上行"过程增加了负担。首先，我国农村公路和铁路的冷链物流运输设施较少，导致农村区域"最初一公里"的冷链运输无法被有效开展，农产品损耗严重。其次，不同种类的农产品的耐腐性不同，在冷链配送过程中所需的分拣、包装等工序也存在差异。农村地区的技术水平和人才储备十分有限，在冷链配送上难以做到专业化的有效处理。此外，农村"最初一公里"的基础设施建设存在地域上的不平衡，中西部地区在冷链仓储、加工及运输配送方面的水平和效率远远落后于东部地区。

二是"最后一公里"的配送服务的覆盖面有限，这也阻碍了农村地区需求市场的激活。首先，农村地区人口的居住较为分散，交通运输等基础设施不够完善，导致快递物流企业的配送成本过高，因此许多快递物流企业的业务就止步于乡镇网点。其次，目前农村居民呈现老龄化趋势，对现代化的智能终端设备不敏感，这也阻碍了农村需求市场的延展及数字乡村的深化改革。此外，配送服务标准化程度低、消费成本偏高，成了阻碍"下沉"市场农产品流通的主要因素。目前，"下沉"市场的配送服务标准还没有明确的规范，随意收取寄存费等不规范经营的农村民营物流网点还有很多，这都导致了农民网购费用的总额过高、消费需求不畅等问题。最后，由于农村物流企业的场地、运力和人员等资源较为分散，资源分配和管理脉络尚不规范，因此快递网点重复建设、信息壁垒高等问题屡见不鲜。

由此可见，无论是"上行"链路还是"下沉"链路，都需要健全的物流体系作为支撑。社会各方应发挥各自的优势，为农村电子商务"双链路"的畅通运行打好坚实的物流基础。

6.2.2　发展农村电子商务物流的着力点

1. 健全农产品流通规划政策

政府、企业和相关行业部门组织应相互合作，对农村物流进行整体的规划和协调，以经济、合理、资源整合的视角在区域范围内进行规划和布局，健全物流基础设施。政府的政策应具有针对性，对农产品尤其是生鲜农产品的扶持和补助应更加精准，同时加大对生鲜农产品的扶持和补助力度，确保将财政资金的最大作用发挥出来。

2. 完善县、乡、村三级物流体系

农村电子商务的有效开展依赖于县、乡、村三级物流体系的高效运转。通过整合县域物流资源，系统规划网络节点的布局，完善节点的功能，农村电子商务才能真正地衔接并整合各类资源。

3. 积极推进冷链物流的发展

对于大多数农村电子商务业务来说，发展冷链物流，能够大幅度减少生鲜农产品在运输、加工过程中的损耗，确保农产品的保值与增值。物流节点之间的有效衔接是保证冷链物流效率的关键，只有各方进行通力协作，按照规范、专业的标准来操作，才能保证冷链不出现中断。相较于传统物流，冷链物流需要使用更高要求的设施和技术，也需要投入更多的资金。

4. 建设农产品电子商务物流标准

物流标准化是农产品现代流通体系的重要组成部分，包括标准化物流

器具和标准化物流流程等。例如，在包装前，有关人员应对泥土、微生物及残留农药的标准制定要求，提高农产品包装薄膜的质量；对于鲜活农产品，有关人员应制定更完善的质量分级要求；对于活禽畜，在运输前有关人员应进行疫病检测；对于物流企业的运输技术、条件、能力及信息化水平，有关人员应制定统一的准入规范。

全程质量可追溯体系也非常必要。为了实现农产品的全程可追溯管理，电商链条上的各个市场主体都应主动建立、完善和保管好生产流通记录，以保证流通数据的完备。

在建设农产品电子商务物流标准方面，洛川苹果成为典型案例。2020年，阿里巴巴数字农业事业部牵头开展了"超级苹果项目"，与洛川县的头部果业公司先后共同建立了多个全产业链系列标准，如图6-6所示。阿里巴巴协助农户对苹果实施全流程把控，针对施肥、修剪、采摘等重要环节给出了指导意见。在近十年的合作中，阿里巴巴对当地产业的发展升级发挥了非常重要的带动作用。截至2021年年底，洛川县累计培育115家苹果销售电商企业，形成了电子商务"双创"园区。洛川县的电商经营户累计达752户，各种微小店约5 000个，日均发货4万至5万单。

📖 **【案例18】农村电子商务物流：让"小散户"链接"大市场"**

近年来，浙江省绍兴市柯桥区为了打通农村电子商务物流的"最后一公里"，积极构建新供销城乡商贸流通体系。2018年，柯桥区的富强村成立了全省首家可同时接收、发送八家快递公司快件的农村电子商务配送中心，实现了不同品牌快递包裹的同仓、同车、同网、同配。此外，这里的自动分拣机可以分拣所有快递，这大大提高了物流的配送效率，切实加快了农产品的进城效率。

物流链路总览

采摘
- 采摘时间：最宜从10月5日到10月底；最宜每日早晨
- 采摘工具：软质手套；采摘篮；周转筐装30斤
- 采摘顺序：分2期采摘，间隔一周左右；先上后下，由内而外
- 采摘注意：轻拿轻放；防机械损伤

挑选
- 挑选工具：软质手套；把剪；周转箱；直径测量圈
- 挑选注意：修建果把；剔除病虫害果；剔除损伤果；剔除外观畸形果

分级
- 分级原则：果径；色泽；果行；质地
- 分级叫法：70果、80果等（果径大小）；一级果、二级果等（病虫害果伤）

预冷
- 预冷方式：专用差压预冷间；空预冷库；田间夜间低温预冷
- 预冷要求：24小时内将果温降到0℃

贮藏
- 贮藏准备：通过库房、容器、工具等消毒；通风换气，入库前2-3天将库温降到 -2~0℃
- 贮藏包装：贮藏箱（木箱、铁框箱、塑料箱等）；防潮纸、防潮膜袋
- 库房类型：冷藏库：贮藏箱内衬塑料薄膜袋；气调库：禁止使用内衬
- 分批入库：把日入库量控制在库容量的15%~20%，在5~7天内完成入库贮藏
- 库内堆码：按品种分库、分块、分等级堆码，贮藏密度≤250~280kg/m³；堆码要求：堆成走向与库内气流方向保持一致
- 库内温度：冷库温度在-2~-1℃，一般常见的存放温度为-1℃
- 库内温湿度：最合适的相对湿度在85%~95%

包装
- 出库事项：库内外的温差大于15℃，应在库内解冻；提前24小时出库解冻；依订单需求调出一级果、二级果；库内氧气含量大于18%时，人员方可进入库内
- 包装方式：发泡网+珍珠棉+礼盒格+纸箱+气泡垫
- 现场管理：改变计件薪酬，以包装质量优先；现场管理人员不定时抽检，质量不合格影响工人的工资；阿里巴小二、电商公司、果商老板不定时抽检，质量不合格会影响现场管理人员的工资

运输
- 整车入库6~7层，加一块三合板来加强承受力面（层间综合交错码放）
- 直发省会城市大型中转场中转；区域中转场进行同城配送
- 当地揽收，直发订单集中；传统快递模式

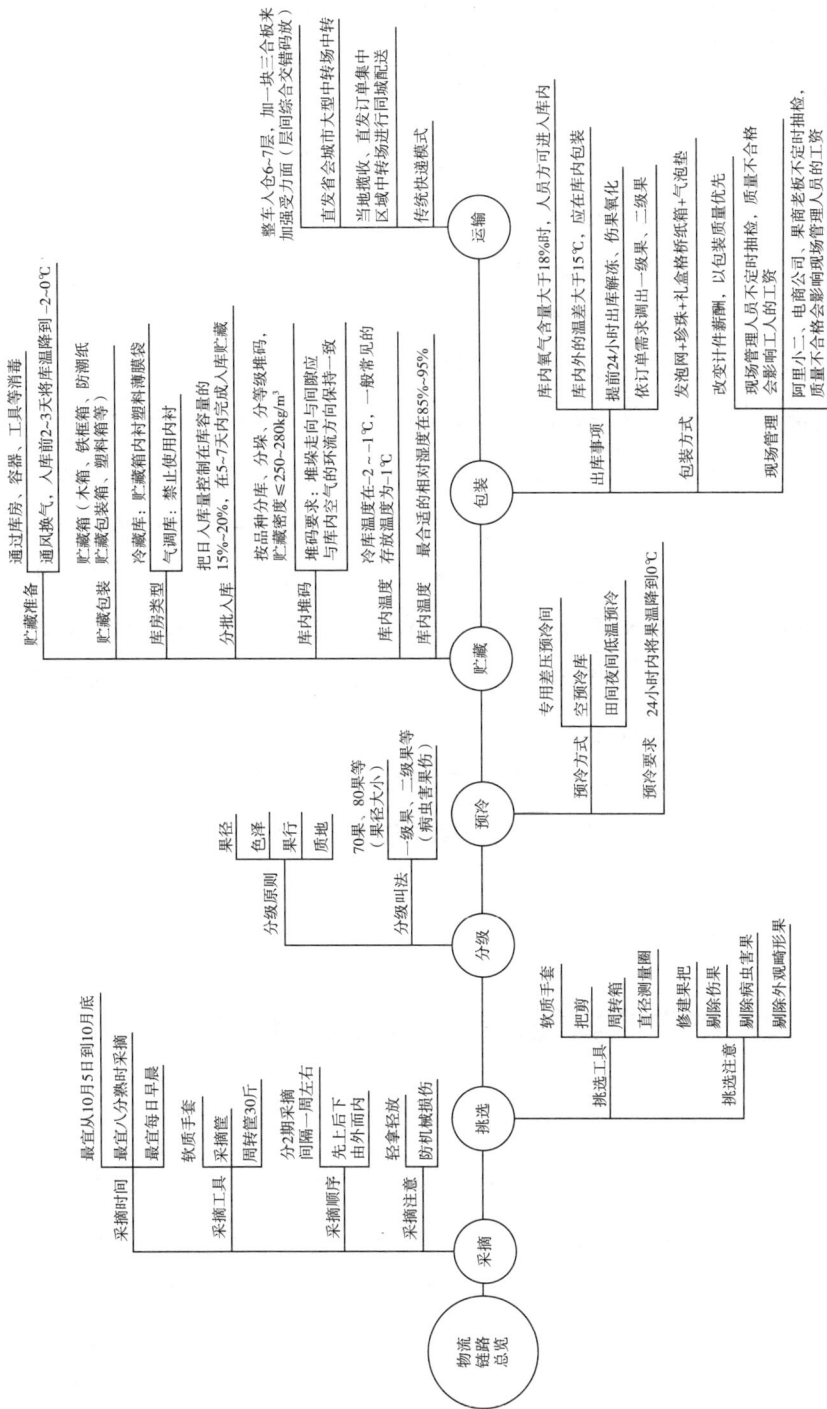

图6-6　洛川苹果全产业链系列标准

在富强村的电商配送中心，从镇、村电商网点收集上来的"稽南山宝"、平水干菜、安昌香肠等各种农特产品每天都从这里被有序地发往全国各地。

在此之后，柯桥区还以"万村千乡"农村网点为依托，在全区超过300个村一共建成了511个电商服务网点。农产品商贸流通平台初具规模，实现了本地村级电商网点全覆盖和农产品快速集约配送，更好地为小农户及农村便利店提供服务。新供销平台农产品的销售额仅在2018年一年就超过2 200万元，为当地农户创造200多万元的利润。

农村电子商务物流为农产品拓宽了销售渠道，对于柯桥区平水镇祝家村的村民王美珍来说，农村电子商务物流大大提高了自己家干菜产品的销量。在农村电子商务物流进入山区之前，王美珍只能在附近村落和镇子销售干菜，但由于同一片区域的农产品比较相似，因此她家的干菜在本地的销量也一般。自从加入了新供销平台，订单源源不断，仅王美珍一家的干菜每年的线上销售额就将近20万元。不仅如此，她还为自家干菜申请了"淘口香"商标，生意越来越红火。

柯桥区供销社的相关负责人表示，柯桥区还将继续致力于完善物流中心的服务功能，力争将新供销平台的服务范围扩大到全市。

6.3 农村电子商务如何跨过物流这道坎

农村电子商务物流配送的发展虽然呈现出欣欣向荣之势，但仍面临着一些难题，尤其是目前，由于农村地区的物流设施发展较为滞后，配送资源整合困难，因此物流配送系统的服务质量和服务效率亟待提升。

6.3.1 建设农村电子商务三级物流体系

1. 为什么要建设农村电子商务三级物流体系

物流通畅是电子商务蓬勃发展的基石和前提，但大多数第三方物流都只配送到区县，而乡镇的车辆、员工配备、物流时间和收费方式等均无法适应电商高速发展的需求。一方面，电商平台企业最头痛的问题之一便是给偏远地区的客户配送快件。一是快件无法被配送到收货地，二是即使能够派送，但配送时限和快递费也将大幅增加。另一方面，从农户的视角出发，我国农产品上行的痛点之一是山货运不出山，即便其能够被运出去，也会因为到货时间久、运输成本贵等原因而缺少足够的竞争力。

因此，要达到工业品和农产品双向物流畅通的目的，政府、企业及有关人员必须要在农村与城市之间建立顺畅的物流配送体系，并努力减少物流配送的成本。

2. 什么是农村电子商务三级物流体系

农村电子商务三级物流体系如图 6-7 所示。

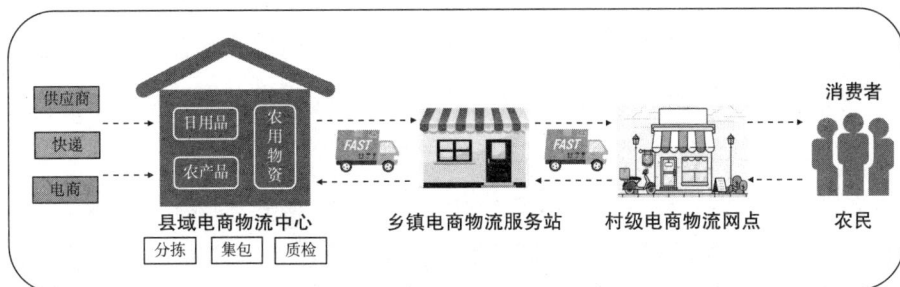

图 6-7 农村电子商务三级物流体系

县域电商物流中心必须实现信息综合开发、运力统筹调度、商品定向物流、服务综合协同的整体发展。建设县域电商物流中心要在当地政府的支持下，立足县域特色产业，整合当地大型仓储和渠道资源，积极与第三方物流合作，为农村电子商务提供一体化、全方位的物流服务。发展农村电子商务三级物流体系的重点在于建设县域电商物流中心，这也对我国农村电子商务的发展产生直接的影响。

乡镇是广大农村居民赶集的主要场所，在乡镇设立电商物流服务站，能够在满足广大农村居民消费行为的同时，降低在农村建立服务网络的成本。因此，乡镇电商物流服务站可以以小卖店、供销社传统网点、邮政、农副产品市场、农资店、快递网点、客运场站等为基础进行设立。

农村电子商务三级物流体系的最后一站是村级电商物流网点。电子商务的兴起为人们提供了方便，但在一些偏远地村，因为路途远、利润薄等因素，第三方物流无法完全覆盖配送过程的"最后一公里"。中国邮政在农村物流站点的布局方面具有网点拓展渠道多、服务种类齐全等明显优势。随着中国邮政与政府不断深入的合作，其先后在全国启动了多项电子商务进农村的示范工程，为提高农村电子商务物流速度与服务水平起到重要的作用。

3. 农村电子商务三级物流体系应该是怎么样的

在硬件方面，农村电子商务三级物流体系一是要"有地"，即有充足的场地，县城、乡镇、行政村都应配备满足建立各级物流网点要求的用地；二是要"有车"，农村电子商务三级物流体系要专门配置具有一定运载能力的农村物流配送用车；三是要"有人"，即各级物流网点都要有专人负责受理、邮寄快递包裹。

在功能方面，农村电子商务三级物流体系一是要"能送"，即能及时、有序地向对口乡镇和村级物流网点发送全县范围内的物流包裹；二是要"能收"，即可以顺利地对村级电商物流网点寄出的包裹进行揽件，并准确地将其送到县域电商物流中心完成中转。

农村电子商务三级物流体系的建成将大大提高农村物流的时效，有效保障上行、下行产品在 1 ～ 3 天到达目的地，降低农产品上行和工业品下行的成本。

6.3.2　打通"最初 / 最后一公里"

随着农村电子商务的渗透率不断提高，各家电商企业在致力于打造农村消费市场的同时也在创新其末端物流方式。目前，京东、阿里巴巴、顺丰、苏宁易购等一大批企业先行者已落户农村，并分别形成各具特色的农村物流末端配送模式。

1. 京东：自营自配下沉农村市场

自建物流配送模式是指电商平台自建配送网络和网点，并配备相关配送人员，服务农村电子商务的需求。由于电商平台都是通过自营的物流体系进行运输和配送，因此该过程通常具有较高的客户服务满意度。由于需要购买或租用物流车辆，建立或租用仓库，并招募物流人员，因此电商平台在建设初期的投资成本较多、投入回收期较长。

京东早在 2007 年就开始自建物流配送体系。目前，京东在全国的配送站、自提点已经有大约 7 000 家，运营仓库有 1 400 个，总仓储面积达到了 2 500 万平方米。京东凭借其强大的物流配送体系，一直在电商物流领域保持"低价高质"的品牌优势。在过去几年，京东的配送范围也随着其自建物流的发展得到了扩展，京东也并未因其自建物流的壮大而终止与第三方物流的合作，而是在需要特殊配送资源的情形下充分发挥第三方物流的优势。

2. 阿里巴巴：开在村口的电商驿站

农村社区物流配送模式是指在农村设置村级电商驿站，电商平台通过第三方快递物流企业将包裹送至驿站后由村民自取，而电商平台仅负责交易、付款、售后等。其优点在于前期投入较小、成本回收期短，但第三方快递物流企业的服务实力差距很大，使得服务水准参差不齐。

在农村网络零售总额与农村快递业务量大幅攀升的背景下，农村物流市场的发展前景被寄予厚望。早在 2014 年，阿里巴巴就开始筹备"千县万村"计划，旨在构建"村淘＋菜鸟"的农村物流模式，建立大量县级和村级服务站、运营中心。2019 年 12 月，菜鸟网络升级农村物流体系，开始在农村布局"共同配送"项目，构建了"产运销一体化"的农产品供应链体系。菜鸟网络的举措不仅使农民节省了仓储成本、降低了损耗、获得了更高利润，也使城市消费者获得了更加新鲜、高品质的农产品。此外，菜鸟网络还依托阿里巴巴的电商资源，在农产品产地寻找高品质农产品，并通过天猫、淘宝、盒马、淘宝特价版进行销售，助力农产品上行。

3. 顺丰：进村织网与农村门店合作共赢

合作配送物流模式是指由电商公司和物流企业共同建设线下自助服务中心或设施，由农村居民就近取货的一种物流模式。该模式以顺丰和农村门店的合作模式为主，通过网点、合作代理点、物业管理和智能物流柜的合作配合，完成农村"最后一公里"的全覆盖。在顺丰的引导下，许多物流小哥返乡就业，服务农村物流平台，进一步提升了农村物流的配送能力。

这种模式有利于降低网点的运营成本和管理成本，但由于自提设施的初期投资成本和用电成本较高，再加上自提的形式会影响部分客户的服务体验，因此这种模式对提升电商企业的市场竞争力较为不利，不易协调自提柜数量和布局决策。

4. 苏宁易购：O2O 平台全流程联动进村

苏宁易购以实物店铺作为发货"仓"，用户下单后可以直接从就近店铺取货，或者由店铺的员工进行发货，将产品直接配送至用户手中。这种模式所配送的产品源自实体门店，与第三方电商平台所销售的产品的区别在于产品来自不同的生产线。苏宁易购的云技术优势尤为突出，其利用互联网思维对传统门店进行转型升级，并采用 O2O 模式构建以展示、体验、消费、物流配送等功能于一身的线上与线下全流程服务体系，其所大量投入使用的新型乡村服务站点也带来了更多诸如营销、物流配送和售后服务等的相关业务，并有效促使消费渠道逐步下沉。

综上所述，农产品作为一类特殊的产品，在物流过程中对于保鲜期、保鲜环境、运输成本等都有着相当高的要求。而在物流配送要求方面，不同种类的农产品又有不同的标准，在物流环节上也存在差异。因此，在选择农村电子商务物流模式时，各家电商企业既可以通过各方合作的方式互补短板，也可以在充分发挥农村物流配送优势的前提下，再兼顾节约成本、扩大区域、提升质量等方面的效益。

📖 【案例 19】义乌市：完善物流网络与配送模式，解决全市电子商务瓶颈

义乌市是浙江中部的一座小城，但这座小城却有着"全球电子商务之都"的美誉，并连年位居"中国电子商务百佳县"榜首。

电子商务带动了义乌市快递物流行业的高速发展，但义乌市仍然存在着"物流最后一公里瓶颈"的问题，较偏远地区的快递"空白村"仍然存在。由于这些乡村远离电子商务产业链、人口老龄化严重，因此这些乡村的快递量少且分散，快递公司进村成本大大提高、效率低下、盈利困难。

义乌市以"国家级电子商务进农村综合示范项目"为契机，全面推进"最后一公里瓶颈"问题的解决。为此，义乌市政府联手中国邮政，立足义乌实情，打造了"邮—交—快共配"的乡村电子商务物流新模式，制定了

一系列的策略方案。首先，义乌市充分发挥中国邮政遍布义乌的村邮驿站体系优势，在赤岸镇、上溪镇、大陈镇建立3个乡镇级共配中心。其次，义乌市坚持资源整合、共享共建的原则，优化村邮站的功能，打造"多站合一、一站多能"的农村电子商务快递物流服务中心。目前，新建的乡镇级共配中心与农村电子商务快递物流服务中心均发挥了较好的作用，能够满足周边3公里的居民的服务需求。

◎ "三定三统"织就"村村通"

"三定"策略即定时、定点和定线，义乌市在赤岸镇规划了五条配送线路，这些线路连接赤岸镇的电子商务物流服务中心与村邮站点，车辆会定时往返。"三统"策略即统一运价、统一服务费和统一配送，赤岸镇的电子商务物流服务中心到各个村邮站点的运价仅为每单0.4～0.5元，这最大限度地降低了物流成本。"三定三统"策略大大满足了周边居民收发快递的需求，使配送活动具有固定时间、固定地点、固定线路的特点，可以将收派件活动集中起来，降低配送成本，在一定程度上实现了规模效益。

◎ 合作共配实现快递到村

义乌市集成各方资源，统筹邮政和各家快递企业分摊运营成本，提出了邮政、公交与快递共同配送的新模式。各家快递企业只需负责将包裹送至镇级物流服务中心，然后邮政负责向村内统一派送。由村到户的"最后一百米"投递，以"红色驿站"的建设为切入点，为有需要的困难群众提供免费代买米、油等暖心服务，放大快递进村的民生保障功能，把惠民的公共服务举措落到实处。

◎ 农产品上行带动共同富裕

以前，义乌市农产品的销售受到地域的限制。现在，义乌市政府充分利用"村村通"的网络优势，打造"大陈小集""蒲墟南货"等多种特色农产品，并通过开展"我为义乌好货代言"等主题的助农直播活动，将农产品通过中国邮政的"邮乐购"电商平台销往全国各地，有力地推动了一大批农产品从"出村难"到"走进城"的转变。

目前，义乌市的快递"空白村"均已全面打通了共配邮路的串联模式，周边居民收发快递的渠道变得更加畅通，这极大地便利了当地居民的生活。

第 7 章

打造农村物流园

　　农村物流园是在政府的规划引导下，在农村地区集中布局的多种现代物流设施设备和多家物流企业组织的空间集聚体。打造农村物流园是一项系统工程，既需要硬件基础设施建设，也要有运营管理方面的软件支持。开展农村物流园建设工作，大致会经历"想要建什么、准备怎么建，按想法计划正在建，建成后怎么用"这几个阶段，可按"建设前、建设中、建设后"的顺序进行，如图 7-1 所示。第一步规划设计，包括明确物流园的功能定位，选择物流园的建设地址，以及设计物流园内的各个功能区域。第二步开发建设，通过对第一步规划设计的实施，将创意落地为现实。第三步运营管理，旨在通过制定管理策略、选定盈利方法来发挥农村物流园的预设功能。三个步骤只有环环相扣、循序渐进，才能水到渠成。

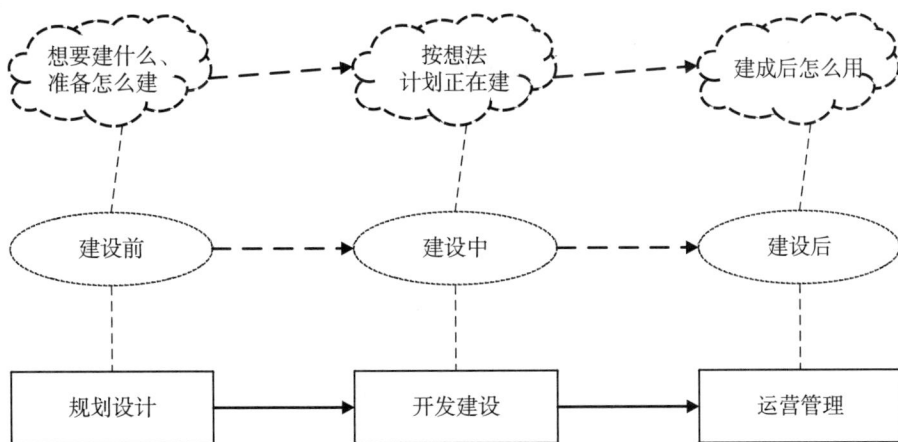

图 7-1　开展农村物流园建设工作的步骤

7.1 明确农村物流园的建设需求

在建设农村物流园之前，相关人员需要想清楚要建什么样的农村物流园，以及准备怎么建，即要对农村物流园进行规划设计。相关人员首先要明确它的功能定位；其次要根据功能定位进行园区选址，选择具备"地利"条件的地址；接着要对功能区域进行划分和布局；最后要为功能区域配置合适的设备，如图 7-2 所示。

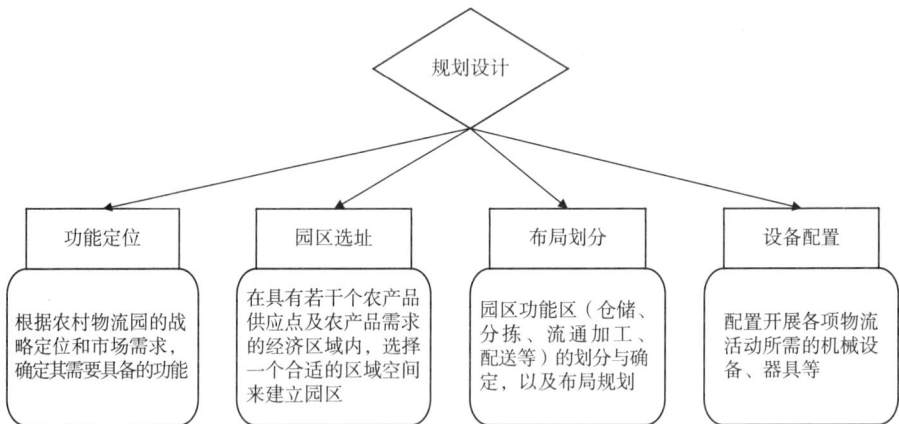

图 7-2　对农村物流园进行规划设计

7.1.1 农村物流园的多重功能

区别于大多数注重单项功能发展的物流企业，农村物流园追求多项功能齐步发展，凸显现代化和综合性。农村物流园建设需要明确其功能定位，明晰其主要发挥的业务功能、助推产业及经济发展的社会功能、其他拓展性服务增值功能。农村物流园的功能定位如图 7-3 所示。

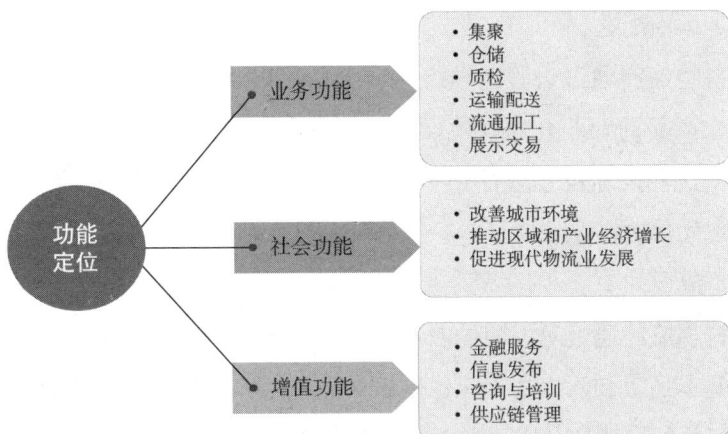

图 7-3　农村物流园的功能定位

1. 业务功能

（1）集聚

农村物流园通过标准化的管理方式和现代化的技术手段，整合集聚资源，提高物流设施的利用率和物流组织的运行效率，降低整体物流营运成本，将原本分散在多个地点的物流设施和物流组织向园区内集聚。

（2）仓储

仓储是农村物流园的首要功能。农村物流园通过建设现代仓储设备、引入先进加工技术，实现保鲜农产品和延伸产业链的结果；同时，对具有生物属性和危险物质特性的农业物资，设置独特的储存条件。

（3）质检

农村物流园结合产地检测和入园检测，对农产品从种植地头到运输入园期间的各个环节进行严格把控，确保进入园区的农产品质量全部达到国家的规定标准。对入园农产品实行这样的高标准和严要求，可以从根源上杜绝农产品的质量问题，有助于促进我国农产品物流与国际物流的产业接轨。这恰恰是农村物流园和农贸批发市场的不同之处。

（4）运输配送

农村物流园通过设置低温冷库、标准化集装箱、标准化托盘等专门用于生鲜农产品的专业仓储设施设备，解决农产品需求量大但易腐变质的问题，并将这些设施设备进行共享利用，实现生鲜农产品及其他特殊物品运输配送现代化的作业效果。

（5）流通加工

农村物流园通过对入园的农产品进行储运、清洗、包装、去皮、榨汁、提取等基本加工和深入加工，保留农产品的营养，增加农产品的附加价值，提升农产品的口感和品质，进而实现农产品物流占比的提高。

（6）展示交易

农村物流园搭建起连接农产品种植者与相关食品生产企业之间的交易平台，通过质检等一系列功能，把好食品生产源头的质量关，提高消费者对食品安全的信任，使消费者可以更加便利地购买放心的绿色农副产品。

2.社会功能

（1）改善城市环境

农村物流园通过在空间上对物流设施重新进行布局，将原本设立在城市的部分物流设施移至农村，减少了物流设施对城市土地的占用；通过将物流企业集聚在园区实现共同运输和联合配送，减少城市内车辆的运行数量，缓解了城市内交通的压力，同时降低了噪声、尾气等因车辆运行频繁所导致的城市环境污染。

（2）推动区域和产业经济增长

农村物流园是发展现代物流的基础设施之一，通过基础设施建设带动所在农村地区的经济增长；农村物流供给障碍将通过农村物流园的规模化经营予以降低甚至消除，农村物流需求因此得以满足。此外，农村物流的成本通过物流集中运作所产生的规模效应得以降低，农产品物流运营的水平也因此得以提升，这对农业产业经济的发展起到了助推作用。

（3）促进现代物流业的发展

农村物流园在物流设施设备等基础设施上的空间集聚，以及在运输仓储等物流业务方面的功能集聚，可以轻松实现多项物流业务的无缝衔接，降低因物流业务切换而产生的物流成本，缩短整体物流的作业时间，在实现规模效应的同时提升物流服务水平。此外，通过资源共享，集聚在农村物流园中的物流企业之间也能实现优势互补，进而促进物流企业控制经营成本、提高经营效益。从社会总体视角来看，这样的集聚与共享实现了有效的资源利用，达到了降低物流行业总成本、支撑物流产业有效发展的效果。

3.增值功能

（1）金融服务

农村物流园可通过与银行、信托等金融机构建立合作关系，为入驻园区的物流企业和其他组织机构提供质押融资、信用担保等金融服务。同时，对于承办的分销配送业务，农村物流园还可以提供金融类的增值服务，如帮货主代收货款等。

（2）信息发布

农村物流园可以通过搭建信息平台，收集进出园区的农产品及其他商品信息，据此预测出各类出入园区的物品需求量，为物品的供应与需求方提供相应信息。此外，农村物流园的信息平台可通过与全国物流大系统对接，交换与发布更多如车辆配载、运力调度、车辆跟踪等的信息和服务。

（3）咨询与培训

农村物流园可通过入驻的物流企业为物流人才提供培训服务，也可通过吸引专业的物流咨询公司入驻，或通过与高校、政府、研究机构合作的方式，为物流业务需求者及物流人才提供相应的咨询与培训服务。

（4）供应链管理

农村物流园的存在，为农产品的销售提供了可靠的基本保障，也为农作物生产资料和农民日常生活用品的供应提供了保障，在构建农产品供应链、提升农产品供应链运营效益的同时，可有效地提高农产品上行的物流效率与工业品下行的物流服务水平。

位于甘肃省平凉市静宁县的"京东静宁数字化物流园"兼具业务、社会和增值等多项功能。在业务功能上，该物流园在集运输、储存、配送等现代物流基本功能于一体的同时，引入了数智仓储、自动分拣等先进的数字物流功能；在社会功能上，该物流园在建立之初就设想通过集中化、规模化运作，通过提升农村物流的供给效率，以及降低农村物流的成本，促进整个静宁县物流产业的发展和经济的增长，将全县的快递行业全部整合到物流园内，应用全自动分拣线分拣并统仓统配；在增值功能上，该物流园打通了日用品、农用物资下行和农特产品上行的渠道，实现了以名品汇、果邦生活驿站、京东城市仓、产地仓、京东农场为基础平台的农村物流供应链管理的全链条服务。

7.1.2　农村物流园选址的关键点

农村物流园一旦被建成，人们很难对所投入大量资金修建的仓库等建筑物，以及所配置的先进物流设施进行搬迁。因此，农村物流园的选址需要遵循一些基本原则，综合考虑多种因素，科学选择选址方法，具体如图 7-4 所示。

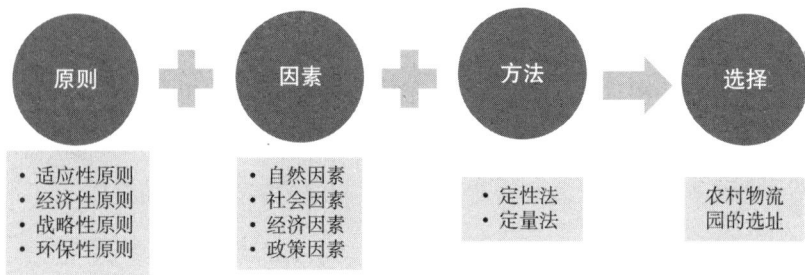

原则　　因素　　方法　　选择

- 适应性原则
- 经济性原则
- 战略性原则
- 环保性原则

- 自然因素
- 社会因素
- 经济因素
- 政策因素

- 定性法
- 定量法

农村物流园的选址

图 7-4　农村物流园的选址

1. 有原则，才有正确选择

（1）适应性原则

农村物流园的选址应与备选方案所在地的多方面情况相适应，既要符合当地的地形、气候等自然条件，又要符合农业资源的分布和需求，同时要符合农村物流和农村经济发展的方针政策，还要符合农村土地利用的规划等。

（2）经济性原则

农村物流园的选址应考虑建设成本和运输成本，优先利用所改建的现有仓储区、货场等，尽量选择交通便利、货物中转方便的地方。

（3）战略性原则

农村物流园的选址，既要考虑当前的物流需求，也要兼顾园区及周边区域物流服务及相关配套服务未来的需求增长，同时应将当地经济的长远发展纳入考虑。总而言之，农村物流园的选址是一项要将全局都考虑到位的战略性决策。

（4）环保性原则

农村物流园的选址要注意减少物流对自然环境、交通环境的不良影响，同时需要注意在符合环保要求的前提下处理农产品废弃物。

2. 思因素，才能实现选择

（1）自然因素

农村物流园在选址中要特别注意天气、湿度、风力等自然因素。过于潮湿的农产品易腐烂，风力过大会加速果蔬水分的流失。农村物流园同时是大量货物聚集的地方，所以它对地形有一定的要求，对土地承受力也有一定的要求。

（2）社会因素

农村物流园所在地必须具有便利的交通运输条件，必须保证冷库等基础设施有充足的水、电供应能力和废弃物处理场所。同时，农村物流园所在地须能够满足农产品的特色仓储要求，能够提供冷链运输的设施设备及专业技术手段等。

（3）经济因素

农村物流园在选址时需要考虑园区建设和运营所需的土地成本、劳动力成本，以及功能辐射区域的物流量等。

（4）政策因素

农村物流园在选址时，需要考虑国家、省市，以及地方政府和相关部门所制定和发布的有关物流园建设的政策法规等。

3.讲方法，才会科学选择

定性法和定量法是进行农村物流园选址决策时常用的方法。两类方法各有特色，也经常被结合使用。定性法是指专家、管理者等通过自身丰富的专业知识和工作多年后所积累的丰富经验，结合选址需要考虑的原则和因素，对可能的物流园的备选地址方案进行比较分析，最终确定出最合适的地址。定量法是指通过对数学模型求最优解，找出接近最优解的地点作为最佳选址方案，其所构建的数学模型是指将选址的目标、原则与因素转化成对应的数学变量，再通过数学公式将这些变量联系起来。

7.1.3　农村物流园的空间布局技巧

在确定了拟建农村物流园的功能并选好建设地址后，建设农村物流园的相关人员要对园区地域空间进行合理分配，即要对哪一块空间实现什么物流功能做出相应的划分。大多数物流园常设的功能区域如图 7-5 所示，包括实现运输功能的运输区、实现储存功能的仓储区、实现配送功能的集散配送区、实现流通加工功能的流通加工区，以及辅助各项物流功能实现的商务办公区、为物流设施设备提供支持的生产服务区和为物流工作人员的日常生活提供保障及便利的生活服务区等。此外，在进行功能区域的布局时，农村物流园还需考虑农产品相对于其他商品货物的不同，如农产品对运输时间、运输效率、运输工具、仓储条件等方面的专业性要求。

图 7-5　大多数物流园常设的功能区域

7.1.4　农村物流园的设备配置过程

每一项物流活动都需要相应的物流设备来辅助完成作业，因此物流设备亦是农村物流园的一项重要作业工具。物流设备包括机械设备、工具、器皿、车辆等，通常价格比较昂贵，所需投入资金的占比较大。辅助不同物流活动的物流设备有不同的种类和不同的规格型号。农村物流园需要根据园区整体的功能定位与业务需求，配置与园区作业系统相适应、性价比高、安全性强、可靠合适的物流设备。

农村物流园的设备配置有一套动态变化的规划流程，具体如图 7-6 所示。相关人员首先根据农村物流园功能规划的基本情况，确定设备配置的目标和方针；其次，预测农村物流园各个功能区域的经营体量，也就是作业量的大小；再次，综合考虑农村物流园的功能定位和市场需求，结合相关技术参数等，测算出满足要求的物流设备的规格、型号、数量等，得到若干备选方案；然后，对备选方案进行综合评价比较，综合考虑技术性、经济性等因素后得出优先推荐方案，以实现农村物流园设备的优化配置；最后，随着发展的需要，为不断提高作业效率和服务质量，对物流设备的配置进行更新和持续优化。

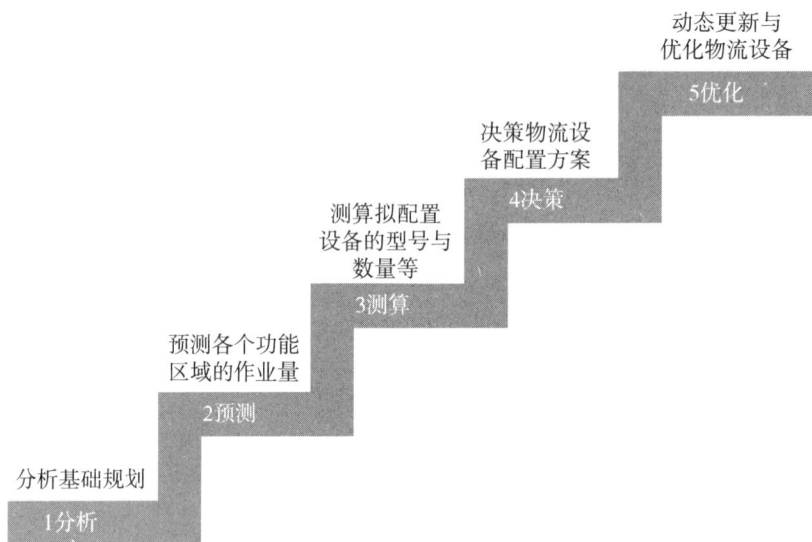

图 7-6　农村物流园的设备配置流程

📖 【案例 20】广西贵港农村物流园的规划设计方案

贵港市交通运输局于 2020 年发布了《广西贵港综合物流园（农村物流园）概念性规划》，提出将贵港建设成广西壮族自治区唯一的农村物流园试点项目。该规划清晰地描述了贵港农村物流园的功能定位、园区选址和布局规划。

◎ 功能定位

贵港农村物流园试图抓住北部湾融入大湾区建设的重要机遇，依托当地良好的钢铁产业、农业等基础产业，发展集仓储与运输等基本业务功能，制造与金融等附加增值功能，以及由现代先进物流技术衍生出的其他多种功能于一体的高端综合型智慧物流园。贵港农村物流园拟以国际、国内标杆综合物流园为样板，细分城市与农村商品物流市场，打造服务全广西壮族自治区物流产业、连接粤港澳与北部湾的国际物流中心和国家级智慧物流示范基地。

◎ 园区选址

贵港市响应国家提出的大湾区与北部湾城市群联动发展建议，在大西南—北部湾—大湾区三大板块的核心辐射圈内建设农村物流园，区位优势显著。广西壮族自治区提出要大力推进电商、冷链、大宗货运等现代物流产业发展，把贵港市作为重要的物流节点来抓。贵港市对本市物流业的五大重点领域实行强抓，将物流六大特色行业发展列为重点提升对象。上述国家、省、市及地方政府为贵港农村物流园的建设提供了良好的政策环境和社会环境，使得贵港农村物流园的建设兼具适应性、经济性和社会可行性。此外，贵港农村物流园的规划地段交通便利，在此建设物流园符合经济性原则。同时，贵港农村物流园拥有32公顷左右的可拓展面积来用于后期的发展扩建，这符合考虑长远发展的战略性原则。

◎ 布局规划

贵港农村物流园划分了"两轴五片"的功能区域，各功能区域各司其职、各有侧重地实现不同的预设功能。其中，"两轴"对应了两条路：一条是农场三路，另一条是规划横二路，这两条路纵横交错形成两轴，以发展公共服务。"五片"分别指：（1）在规划区北部形成智慧物流区，该区域以"聚产业、凝园区动力"为功能重点，以贵港物流为核心，为贵港钢铁等产业链条发展服务;（2）在规划区中部形成智慧冷链物流区，该区域以"助农业、促乡村振兴"为功能重点，承接粤港澳"菜篮子""果篮子"，专为农产品上行提供相关的物流服务;（3）在规划区东部形成贵港城市物流集中仓配区，该区域以"畅城区、构高效配送"为功能重点，专注解决城市物流配送效率低的难题;（4）在规划区南部形成农村物流仓配区，该区域以"通农村、保产品下乡"为功能重点，特别服务电商工业品快递进村;（5）在规划区东北部布局智慧生活服务区，该区域以"享生活、筑品质园区"为功能重点，为所有贵港农村物流园的员工提供便利的生活环境，并为一部分员工解决居住和公共服务配套等问题。

7.2 探寻农村物流园的建设过程

相关人员在清楚了想要建什么样的农村物流园后，接下来就是去开发建设农村物流园，将想法变成现实。农村物流园的开发建设主要涉及两个问题：一个问题是"谁来开发建设"，另一个问题是"怎样开发建设"。

7.2.1 谁来开发建设农村物流园

1.农村物流园的多元开发者

目前，农村物流园的开发者以政府、土地开发商、入驻企业和管理者居多。

（1）政府

政府是宏观把握农村物流园开发建设的核心主体，掌握着建设规划审核、土地审批等重要内容。作为公共管理者的政府，更希望通过建设运行农村物流园，实现增加就业机会、优化区域经济结构及实现区域经济发展等长远公共利益。

（2）土地开发商

土地开发商负责开展与农村物流园相关的土地征用和开发工作，并对园内各种交通和基础设施的建设负责。土地开发商的规模不限，性质也不限，既可以是单独的一家企业，也可以是多家企业的联合体。

（3）入驻企业

入驻企业是指在建成农村物流园之后，以生产经营为目的，通过租赁等形式进驻该物流园，以实现自我运营的物流企业或其他相关企业。

（4）管理者

管理者负责农村物流园日常的各项管理工作，提供物流园运营所需的多种服务。管理者既可以是企业，也可以是管理委员会，还可以是物流协会。

2. 不同开发者的开发方式各异

开发农村物流园的主要方向有两个：从上到下由政府主导，自下而上由企业主导。农村物流园的开发主体和对应的开发方式如图7-7所示。

图 7-7 农村物流园的开发主体和对应的开发方式

（1）政府投资的经济开发区方式

这种开发方式有政府所制定的具体政策，有专门的发展计划，也有开发部门的组织机构设置。政府采用驾轻就熟的经济开发区方式或技术开发区方式，对农村物流园实施开发建设。该方式的投资主体为政府部门，由政府设立的开发机构对农村物流园进行单独投资开发，由政府设立的管理公司或管委会对农村物流园进行独立经营管理，政府同时获取全部收益并承担全部风险。

（2）政府规划、企业主导建设的方式

这种开发方式是在政府提出规划的前提下，由行业领域内最具优势的企业牵头，进行大型农村物流园的产业投资研究和资源开发。行业领域内最具有优势的企业力争在各地政府宏观政策环境的合理引导下，通过利用自身特有的技术优势资源实现优质物流企业的入驻与集聚，达到发展农村物流园的效果。

（3）工业地产商的开发方式

这种开发方式通常是工业地产商把农村物流园建设项目作为纯粹的工业地产项目来进行建设管理和运营。也就是说，整个农村物流园涉及的基础设施，都是由工业地产商直接投资的。工业地产商利用政府给予农村物流园建设的一些优惠政策，在园内通过协议租赁、转让、联营共建、股份制合作模式等多种经营方式，对农村物流园的其他相关设施进行经营、维护和运营管理。

（4）综合运作的方式

综合运作的方式是根据农村物流园建设的经济、社会、自然、政策等各方面影响因素，以及建设的不同阶段，将上述三种方式进行混合使用。目前，该方式在国内被广泛运用。之所以使用综合运作的方式，是因为农村物流园本身的建设投资规模较大、涉及的业务较多、经营范围较广，这对开发建设者具有较大的挑战，需要政策的支持与保障。

7.2.2　怎样开发建设农村物流园

1. 对批发市场和现有园区进行改造

近年来，农业农村部会同国务院其他有关部委，先后多次出台多项涉农市场相关配套的鼓励政策，着力引导鼓励与扶持各地积极推进区域农产品市场体系平台的发展建设；提议在改造传统功能单一分散的各类专业商品批发大市场时，建设相关配套服务基础设施，扩展各类专业化零售批发大市场的综合功能，最终将零售批发大市场完善发展成集"物流交易、信息集散、流通商品仓储和加工、冷链运输及保税仓储、运输、配送、全程电子物流监控、信息的采集与发布、金融贸易与结算和处理服务等"多重核心功能要素于一身的综合性一站式第三方物流中心。

早在 2014 年，商务部等多部门联合提出《商务部等 13 部门关于进一步加强农产品市场体系建设的指导意见》，强调要统筹改造、提升整合或延伸改造传统仓储物流中心设施的功能，推动全国统一的农产品集中零售批发或配送服务市场的功能布局；并且重点指出，要"优先围绕全国规划发展及布局中的各大现代农业市场流通网络节点和有优势农产品的地区区域，完善仓储与物流服务中心的升级扩建或者全面改造，提升传统批发市场和仓储物流中心的商贸流通功能，加快建设重要农产品统一流通及批发或物流市场体系，尽快形成一批农产品物流集散中心、仓储调度中心、价格信息分析与监测预报中心、流通加工与配送中心，并使这些中心在国内外有广泛市场影响力"。除此之外，国务院发布的《物流业发展中长期规划（2014—2020 年）》也明确指出，要整合改造和优化规范现有的各类园区。

2. 以物流集群联盟为主的新建

农村物流园、物流集群和农村物流的发展包括以下三个阶段，如图 7-8

所示。

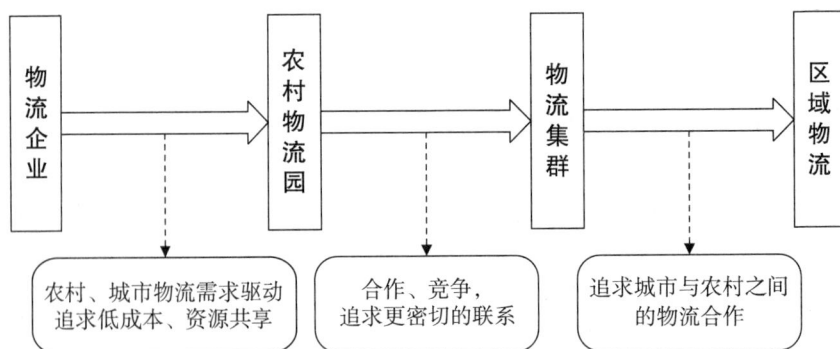

图 7-8　农村物流园、物流集群和农村物流的三个发展阶段

第一阶段：物流企业聚拢，形成农村物流园。农村物流园可被看作提供物流服务的企业在农村集聚的空间载体。在农村、城市物流需求的驱动下，物流企业一般为了进一步追求更低的成本、更低的企业管理服务费用、资源的共享利用等经营利益，会比较自发性地在物流地域的发展上呈现靠拢的现象。当被聚拢起来的大型物流企业的数量越来越多时，当地政府或主导企业就会牵头成立农村物流园。

第二阶段：物流企业协同合作，在农村物流园内形成物流集群。聚集在农村物流园附近的物流企业要有广泛的联系、有紧密的合作，才会有效形成区域集聚辐射效益。紧密的联系和合作既包括现代物流企业实体之间紧密的合作联系，也包括传统物流企业内部与其他合作实体机构、辅助组织机构等的广泛联系。农村物流园通过加强各家物流企业之间协同高效的业务合作，通过不断探索创新，最终逐步形成具有从事专业物流活动条件和较强现代物流产业服务承接能力的物流集群。

第三阶段：物流集群资源荟萃，形成区域物流。物流集群的专业化发展及有效分工与区域协作，可以使农村物流园集聚全国各种不同类型、不同经营运作模式的物流企业。不同的特定地域内的人才、技术等多类物流资源的优势互补与更高集聚，使得农村物流园可成长为物流先进技术研发的示范引领者、现代物流技术率先应用的策源地、实施孵化现代化物流技术的载体。这些由各个农村物流园分工协作汇集的优势特色物流集群的规模的进一步发展壮大，将带动周边物流基础设施的建设，进而形成区域物流空间网格。

📖 【案例 21】寿光农产品物流园——由批发市场改造的农村物流园

寿光农产品物流园是在市场需求推动、行业迅猛发展、政府强力支持等多方力量的推动下，从农产品批发市场升级改造为农村物流园的典型。自 1984 年寿光蔬菜批发市场成立，到 2010 年寿光农产品物流园二期工程建成，再发展至今，其所经历的重要节点与历史蜕变如图 7-9 所示。

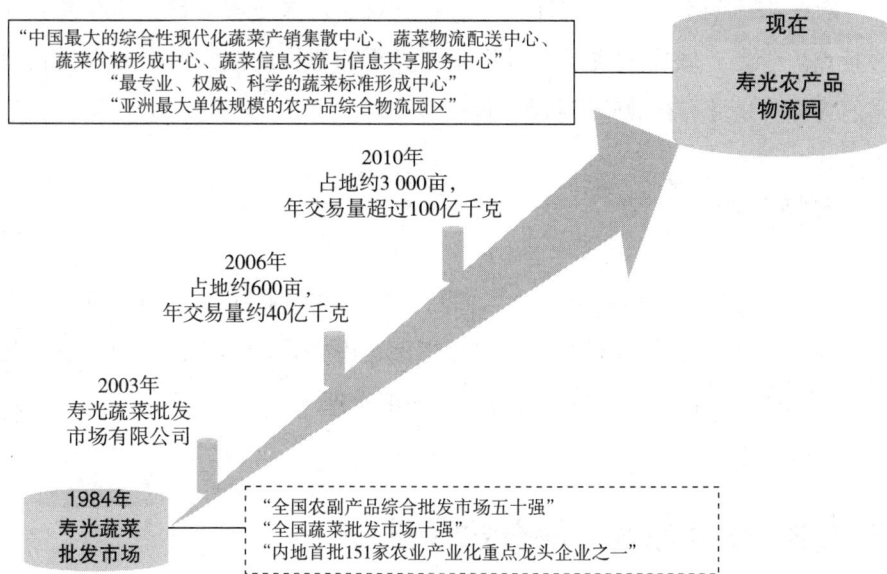

图 7-9　寿光农产品物流园的发展历程

7.3 农村物流园的运营管理指南

农村物流园建成后，需要发挥其预设功能，通过日常运营来获取预期收益。谁来管理，怎样管理，以及如何盈利，是农村物流园在运营管理中需要明晰的重要问题。

7.3.1 农村物流园的管理者

1. 管理委员会

农村物流园具有准公益性质，且有建设投入大、周期长、风险高等显著特点。于是，政府就成了农村物流园投资和建设的主力。部分农村物流园的管理者是具有行政管理特色的管理委员会。

2. 物流企业

有些农村物流园由物流企业负责开发，或由企业与政府合作共同开发。这类农村物流园通常由开发企业按照管理股份公司的形式，以权、责、利相结合的原则，将其作为自负盈亏的公司来管理。

7.3.2 坚守原则方能有效管理

1. 促进发展原则

农村物流园虽有盈利目的，但也具有公益性质。因此，农村物流园的存在与发展要能够服务地方经济，符合当地政府对经济社会的发展的统筹规划，顺应当地经济社会发展的政策。管理者在管理农村物流园时，在确保其能为农村经济的发展提供必要的物流保障的同时，也要重视其服务能力和其所处区域的社会经济需求的配套，在促进当地物流产业发展和区域经济发展的过程中，要尽最大努力发挥农村物流园的作用。只有当农村物流园的运营管理与当地的区域经济发展和物流需求相匹配，农村物流园才能够健康持续地发展。

2. 追求效益原则

农村物流园面向社会提供服务，既有准公益性质，亦具有盈利目的。管理者应在保证农村物流园主要功能实现的前提下，考虑农村物流园的盈利问题，以便农村物流园可持续发展。如何整合现有资源和流通体系，在提供优良服务的同时，降低物流成本，提高农村物流园运作的效益，是管理工作的核心。此外，物流需求对农村物流园的盈利有重要的影响，而需求常常是变动的，因此，管理农村物流园要特别注意对物流需求数据的统计、分析和预测，以便有的放矢，满足客户需求的同时实现有效管理。

3. 系统整体原则

农村物流园内设配送、仓储、信息处理、后勤中心等不同部门，提供与物流相关的各类服务。有些服务的提供需要不同部门之间相互配合，可能涉及部门之间的利益冲突。对此，管理者应从系统角度考虑物流园的整体效益，组织入驻的企业与不同部门进行分工合作，理顺各部门及各企业之间的关系，使它们能够齐心协力，为所有客户提供最优质的服务。

4. 流程合理原则

农村物流园部门繁多、功能多样。对于进入农村物流园的商品货物，管理者要对相关操作流程进行合理的处理。各部门之间的流程衔接要顺畅，各个业务环节尽量做到最优化。为帮助农村物流园高效运转，提高农村物流园的效益，降低物流服务成本，管理者应尽量控制和减少不合理、不必要的操作。同时，在管理农村物流园的过程中，对必要的物流环节，管理者在业务实施中应充分结合自身优势资源，充分利用已有的先进设施设备，尽可能提升运作效率，持续优化物流运作流程。

7.3.3 农村物流园的收入来源

农村物流园的主要收入来源如图 7-10 所示。

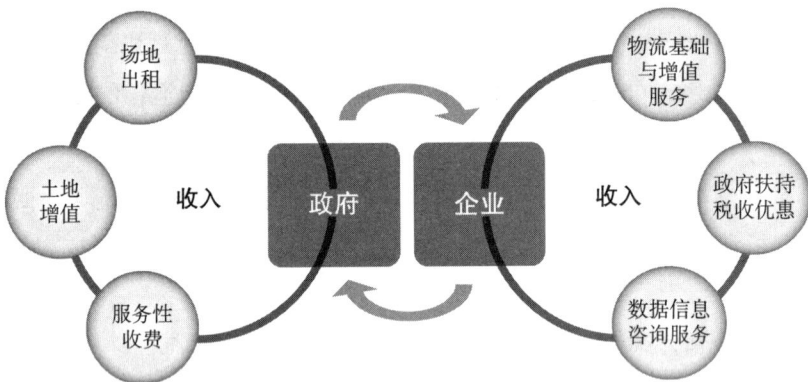

图 7-10　农村物流园的主要收入来源

1.政府层面

作为农村物流园的总体规划者，政府或其委托的组织机构主要通过三种途径获取收益：（1）场地出租，将农村物流园的土地或有基础设施的场地出租给相应的企业；（2）土地增值，通过物流产业的聚集使农村物流园获得繁荣发展，进而带来土地增值；（3）服务性收费，通过开办自营餐饮、住宿等生活配套的后勤服务收取费用、获得收入。

2. 企业层面

企业作为农村物流园的实际运作者，主要通过向客户提供与物流相关的各种服务来获得收入。企业在农村物流园发展的各个阶段所提供的服务也不甚相同。一些农村物流园的主体企业通过提供农产品保鲜存储、加工设备、装卸搬运等物流服务，或参与加工、配送及农资经营等业务获得收入。同时，企业还可以利用政府对农村流通的扶持资金来获得资金扶持和税收优惠。近年来，随着科学技术与物流行业的发展，很多国内外物流园的主要盈利已经逐渐从传统租赁转变为服务收入。其中，信息类、业务咨询类增值服务的收入在这些先驱型物流园的总收入中的占比渐增。这为从事农村物流园运营工作的管理者们提供了很好的实践经验启示。

7.3.4　创造条件打开财富之门

农村物流园要实现盈利，内外条件缺一不可。内部条件主要是指农村物流园的自身能力，其是农村物流园发展的基础，也是农村物流园实现盈利的基础；外部条件主要是指农村物流园的市场环境是否成熟、政策支持力度是否充足等，其是农村物流园能否实现盈利的前提条件。农村物流园实现盈利所依赖的主要条件如图 7-11 所示。

1. 自身能力

农村物流园的自身能力主要包括：运输、仓储、配送、流通加工、包装等基础服务能力；为物流园内企业、行业内其他机构，以及相关部门等提供专业资讯与咨询服务的增值服务能力；有效满足客户需求和保障市场

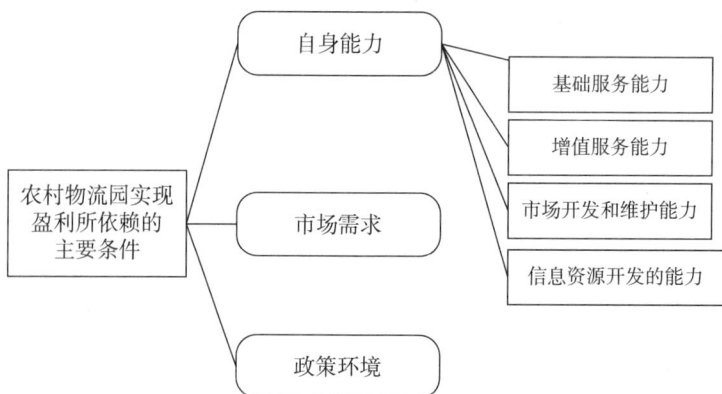

图 7-11　农村物流园实现盈利所依赖的主要条件

有序运行的市场开发和维护能力；运用现代信息技术进行信息资源开发的能力。农村物流园的这些自身能力越强，所入驻企业的市场就越广阔，市场份额越稳定、盈利越多。

2. 市场需求

市场需求是指在一定的地理区域、时间、环境和营销方案等条件下，由一定的客户群所购买的产品或服务的总量。农村物流园的市场需求，主要是指给现有和潜在的客户群所提供的物流服务量的上限。目标市场需求量越大的农村物流园的潜在经营额相应也就越大，利润相应也会更多。因此，农村物流园须被设立在市场需求足够大的区位，且保证其所提供的服务能够契合市场需求的要求。

3. 政策环境

农村物流园发展的政策环境，主要指政府相关部门给农村物流园建设运营的扶持力度。我国地方政府目前出台的对农村物流园的优惠政策大致包括：对物流园内的企业实行税收返还支持、进区出口退税等一定期限内税收减免的税收优惠政策；对物流园用地给予补偿支持、奖励扶持、分期付款、使用优先等用地优惠政策；提供融资优惠、质押融资、方便信贷等金融政策；可拓展经营多种特色服务的行业准入政策；优惠用水用电费用的公共服务政策；简化行政监管和审批程序的行政政策等。这些政策的倾斜，或降本，或节流，或开源，都是增加农村物流园盈利的有效途径。

📖 【案例22】贵阳农产品物流园——高质量运营的农村物流园

贵阳农产品物流园拥有完善的功能业务板块和齐全的农副产品业态经营区。自2019年开业以来，整个物流园的运营良好，已成为贵州省占地规模最大、交易品类最齐全、运营收费低于同类市场的公益性示范大市场。

◎ 自身能力：设施齐全、功能齐聚

贵阳农产品物流园的基础设施比较完备，其拥有容量为60万立方米的冷库，可承载超过11万吨的保供生鲜品。贵阳农产品物流园的功能板块多样，有大数据展厅、食品安全检查中心、中央厨房、农产品业态区、海鲜水产业态区等，能充分满足果蔬、菌类、粮油副食等多类物品的供应调度。贵阳农产品物流园致力于发展订单农业，与众多农户、农产品生产基地及商户签约，保证新鲜农产品的供应。目前，贵阳农产品物流园已形成冷链物流配送中心等多个功能中心，打通了贵州省农产品生产销售的全链条，构建出带动全省产、辐射全国销的良性循环系统。

◎ 市场需求：依托市场、服务民生

承担着"稳价保供保民生"流通发展战略重任的贵阳农产品物流园，是贵州省一级农副产品批发市场。该物流园有效地解决了农产品生产、销售、物流等有关问题，通过与农业基地、农户及商户的订单签约保证农产品的供应，通过与各地大型商超签订采购协议保证农产品的销售，通过共享冷库、中央厨房、供给仓配等形式招商引资，让北京华联、永辉超市等

大型商超将生鲜农副产品加工中心与流通配送中心先后落户本物流园，有力地保证了物流园的物流需求，也为当地农民的农产品提供了"走出去、卖得好"的销售保障。此外，贵阳农产品物流园物美价廉且稳定的农产品供给，为当地居民的生活提供了很大的便利。

◎ 政策环境：多措并举、助企纾困

贵阳农产品物流园通过政策激励、行动引领、市场赋能等多项措施帮助企业纾解发展压力、增强发展信心。具体的措施包括：（1）落实减租政策，自2022年以来，该物流园累计减免租金达1 731万元；（2）公益性收费，该物流园执行低于贵阳市同类市场40%以上的收费标准，针对性地实行免租金、免进场费等优惠政策，累计减免费用2.15亿元；（3）金融贷款支持，在2022年上半年，该物流园引导八家银行以最低为3.85%的贷款年利率，向商户提供超过2.5亿元的普惠贷款，有效地解决了商户筹集资金与贷款难的问题；（4）新兴业态培育，该物流园通过政策激励，引导经营主体拓展美团优选、直播平台等线上销售渠道，发展电商配送。

参考文献

［1］ 陈建华.完善我国农村物流体系的研究［D］.长沙：湖南农业大学，2007.

［2］ 陈颖.基于共同配送的徐州丰县"县—乡—村"三级物流体系构建研究［D］.徐州：中国矿业大学，2020.

［3］ 戈兴成.共享经济背景下农村物流体系建设［J］.物流科技，2018，41（09）：82-84.

［4］ 怀策，张文政.乡村振兴战略背景下农村现代物流体系构建路径探索［J］.物流工程与管理，2022，44（04）：92-94.

［5］ 黄福华，李力辉.新发展阶段我国县乡村三级物流体系建设的新模式与新路径［J］.物流研究，2021（02）：38-46.

［6］ 孔辉.新农村建设中农村物流体系构建研究［D］.济南：山东师范大学，2015.

［7］ 李凌艳.我国农村现代物流体系建设研究［D］.哈尔滨：黑龙江大学，2008.

［8］ 李兴彩.互联网背景下农村现代化物流体系的构建［J］.物流工程与管理，2021，43（07）：14-16.

［9］ 李长龙.鹰潭市农村物流体系发展研究［D］.南昌：江西师范大学，2017.

［10］ 卢素梅，张芝萍.新型城镇化背景下农村物流体系的构建［J］.物流

技术，2016，35（05）：45-49+54.

［11］ 张敏.农产品物流与运营实务［M］.北京：中国物资出版社，2009.

［12］ 张雨明.我国农村物流体系发展研究［D］.北京：北京交通大学，
2008.

［13］ 周洁红，许莹.农产品物流管理［M］.杭州：浙江大学出版社，
2011.

［14］ 范丽雪.电子商务背景下农村物流体系建设研究［D］.济南：山东交
通学院，2021.

［15］ 唐和，汪莉霞.我国现代农产品物流模式、问题及创新机制［J］.商
业经济研究，2019（09）：103-106.

［16］ 毛莉敏.新零售驱动下的农产品物流变革［J］.商业经济研究，2019
（15）：128-131.

［17］ 杜红红.农超对接模式下农产品物流组织优化研究［D］.北京：北京
交通大学，2021.

［18］ 贵婷."互联网+"时代农产品智慧物流发展分析［J］.物流工程与
管理，2022，44（03）：71-73+26.

［19］ 朱佳翔，廖翠菊.乡村振兴中农产品绿色物流体系重构研究［J］.物
流科技，2021，44（07）：18-20.

［20］ 周凌云，王超.非并网风电制氢及其在绿色交通物流中的应用［J］.
中国工程科学，2015，17（3）：50-55.

［21］ 况漠，况达.中国智慧物流产业发展创新路径分析［J］.甘肃社会科
学，2019（06）：151-158.

［22］ 李建春.农产品冷链物流［M］.北京：北京交通大学出版社，2014.

［23］ 汪利虹，冷凯君.冷链物流管理［M］.北京：机械工业出版社，
2019.

［24］ 李洋，刘广海.冷链物流技术与装备［M］.北京：中国财富出版社，
2021.

［25］ 谢如鹤，王国利.冷链物流概论［M］.北京：中国财富出版社，

2022.

［26］ 孙伟.乡村振兴：农村电子商务模式·运营·案例［M］.北京：中国市场出版社，2019.

［27］ 郑洁.农村电商物流服务质量优化研究［M］.北京：知识产权出版社，2021.

［28］ 杜理明.农产品电子商务实务［M］.北京：中国人民大学出版社，2021.

［29］ 宋芬.农产品电子商务［M］.北京：中国人民大学出版社，2018.

［30］ 潘苏，王朝辉.农村物流园［M］.北京：经济管理出版社，2018.

［31］ 郑舒文，吴海端，柳枝.农村电商运营实战［M］.北京：人民邮电出版社，2017.